天秤の真理

17世紀イスタンブルのイスラーム論争

キャーティプ・チェレビー

山本直輝・西田今日子【訳】

新泉社

はじめに

ジェフリー・ルイス

一　著者と作品について

イスラーム暦一〇一七年ズー・ル゠カーダ月、西暦にして一六〇九年二月、ムスタファ・イブン・アブドゥッラーはイスタンブルに生まれた。彼の父親は帝国軍属の佩刀者《はいとうしゃ》であり、博識者たちの議論に耳を傾けることを愛好する宗教心のあつい男性だった。五歳ないし六歳になると、ムスタファ少年はクルアーン素読《そどく》を教わってその半分を暗記し、その後はアラビア語文法と書道を学んだ。十四歳になると、父親は彼を自分の部隊に入隊させ、書記方の職を確保してやった。彼は父親に伴われて複数の戦地に赴いた。最後の行軍は一六二五から六年の、不首尾に終った対ペルシャのバグダード奪還戦であった。

私は包囲の間じゅう、交戦と戦闘に加えて、敵軍の優勢、旱魃《かんばつ》、それに物価高のせいで九ヵ月に及ぶ辛酸をなめた。しかし苦悩というものは、皆で味わえばそれなりに口に合いもする。それが全能者、全知の主のさだめだ。絶望と失意にうちひしがれて帰還し、モスルに入洛した一〇三五年ズー・ル＝カーダ月（一六二六年七—八月）、父が死んだ。およそ六十歳だった……それから約一ヵ月後に、私のおじも亡くなった。私はディヤルバクルの親戚の許へ身を寄せ、しばらくそこに滞在した。父の友人メフメト・キャルファが私に、騎兵隊の監査院と呼ばれる部署の職員見習いの働き口を見つけてくれた。

以上は著者の青年時代についての、彼の自叙伝的随筆『到達の階梯』（*Sullam al-wusūl*）からの抜粋である。その後の彼の人生については、本書の最後において本人が自ら語っている通りである。要約すると陸軍を十年勤め上げ、その間に五回行軍し、巡礼という困難極まる義務を果たしたのち、彼は「小さな戦いからより大きな戦いへ」転戦する決意を固めて学業に専念するようになった。幸運なことに、遺産を二つほど相続したのである。自らの職業について深刻に思い悩まずとも済むようになり、自由気ままに過ごせる時間を得た彼は、生来の乱読趣味から手当たり次第に書物を楽しんで過ごすようになった。結果、彼の階級は二等書記止まりに終った。二等書記すなわちKhalīfa、口語体ではキャルファ（Kalfa）と発音される。

巡礼（ハッジ）を果たしていたので、職場の同僚たちは彼をハッジ・キャルファと呼んでいた。彼が最も長い間を共に過ごしたある学者は、彼をキャーティプ・チェレビーと呼んだ。キャーティプとは書記、役人といった意味である。チェレビーとは、その語源は依然《いぜん》として正確なところは不明であるが、（a）帝国の初期におけるスルタンの息子たちや、（b）ウラマー（学者）階層の一員ではない博学の人物、の敬称とされる。

早逝《そうせい》するまでの二十三年間に、彼は短文や小論を除き少なくとも二十三冊の書物を執筆した。一六五七年十月、彼は不意に、だがおだやかな死を迎えた。ちょうどカップに一杯のコーヒーを飲んでいたところだった。

ヨーロッパと比べて、オスマン帝国が往年の軍事的覇権を失った時代を生きたキャーティプ・チェレビーは、伝統的イスラーム教育について、それだけでは不十分であることの、全てとは言わずとも部分的には非の一端があると考えた、おそらく最初のトルコ人である。唯一の学習機関はモスク併設のメドレセであり、学習といえば宗教的な学習を意味し、ウラマーが知らないことは知識とはみなされていなかった。

しかし学問に対するこれほどまでの認知度の低さは、十七世紀のオスマン帝国においては衰退を極めてゆく。スルタン・ムラト四世（一六二三—四〇年）の親友コチ・ベイが、帝国の弱体化の原因について記した著名なメモを遺している。彼はそのメモの中で、学問を軽視して世俗の野心を燃やすウラマーが、いかに大衆に対する愛情や奉仕を喪失したかを述べている。「無知な者と学を修めた者を同等に扱う代わりに、学を身につけ知恵ある者を昇進させるようにすれば、彼らがただちにかつての水準を取り戻してくれるであろう。有力な知人を持つか持たないかで、候補者の位階昇進が左右されるのは正しくない。役職は、最もよく学んだ者にこそ与えられるべきである。法廷の官職に就くにあたって適正な資格とは、年齢でも血統でもなく学問である。昨今においては……官職は年長者に与えられる。神の御目には、高齢であることは司法職に就くための重要な資質ではない。同様に教育機関も、学問の詳細を説きあかせる者にこそ委ねるべきである。ただ年長者であるというだけで無知な者が重用されるとは、学者からすればそれは学問に対する不正である。候補者が若かろうが、博識で信仰あつくありさえすれば、髭の長短など問題にならない」

しかし本書の著者による、教育に関する既存体制への批判はいっそうラディカルであった。ヨーロッパに変化をもたらし始めた新たな学問は、オスマン帝国を素通りしていった。イスラーム科学の偉人たちでさえ、ほとんど関心を持たれていなかった。人間には宗教的学問だけで十分にこと足りると考える人々に対し、彼は激しく抗議したが、それは彼が反宗教的な精神を持っていたからではない。彼は誠実なムスリムだったのである。イスラーム教への完全な帰依と、照明学の哲学への支持を融合させていたのである。この学派の教義はいわゆるアリストテレス神学や、その他プロティヌスの『エンネアデス』後半部のアラビア語翻訳などを通じて、九世紀初頭にはムスリム世界に知られていた新プラトン主義に由来する。新プラトン主義に独特なイスラーム神秘主義的色彩を与え、照明学派の祖となった人物がスフラワルディーであるが、彼はサラディンの命により一一九一年、アレッポで殺害されている。『疑念の解消』(*Kashf al-zunūn*)において、著者はシーラーズィーによるスフラワルディーの主著『照明の英知』（*Hikmat al-ishrāq*）注釈に意見を述べているが、自らの宗教と哲学に対する著者の忠誠心の証明としても、また彼らしい刺戟的なスタイルの見本としても引用に値する。

この書に含まれるある種の言明は、聖法と相容れるものではないと言われている。言っておくが、かかる見解を抱く者こそ、自らを聖法と一致させる能力のない者である。自分の能力不足を棚に上げて、「不可能」だなどと断言すべきではない。

教義として何を許容すべきか、彼の基準はあくまでもイスラーム的である。イスラームの原則に反するようであれば、彼はそれを拒絶する。姓名判断を禁ずる法は何もない。彼は姓名判断を信じており、それについては本書の最後に登場する。その一方で、彼は天文学の数学的側面を研究しつつも、それを用いた未来予測については否認している。預言者がこれを否認したことを示す伝承がその理由である。

聖法が沈黙している諸問題に関しては、彼が常に理性によって自らを正しく導いていたとは必ずしも言えない。『疑念の解消』に収録されている、「消失の科学」（Khaṭāʾ）に関する彼の文章を参照してみよう。

それはいかにして他人の視界から自らの姿を消失せしめ、他人の目に映ることなく他人を観察する方法を習得する学問である。アブル＝ハイルはこれを魔術の科学に連なるものとして言及し、「これのための呪文と魔法は存在するが、むしろ私は、これは聖者が奇跡として行なう以外には不可能であり、物理的な方法で実現できるものではないと考える」と述べている。しかしすでに述べた通り、これは魔術の科学に連なるものであって聖者の特権ではない。ゆえにこれを不可能とする理由はない、と「むしろ私は」考える。これは明らかに魔術によって可能であり、呪文や魔法によっても実現できることは魔術の実践者たちが主張する通りである。目に映らないからといって、存在しないことの証明にはならない。

彼の名声を確立したのは主として『疑念の解消』である。それはアラビア語で記された巨大な文献事典であり、今でも東洋学者が用いる研究ツールのひとつである。印刷された目録が世に出る以前の時代、キャーティプ・チェレビーは自分が個人的に目を通した書籍についてただ淡々と書きとめていた。その量は、それぞれ異なる書籍およそ一万五千冊分に達する。その他に彼の名高い著作としては『世界の鏡』(*Cihânnümâ*) がある。これについては『疑念の解消』に以下の記述がある。

この事典の編集者による、地理学に関するトルコ語書籍である。これには二つの巻がある。一巻は海についてであり、その輪郭と陸地が記されている。二巻は陸地の上にある諸国、河川、山脈、道について、ヒジュラ暦（西暦十五世紀）以降に新たに発見された陸地についての報告も含めアルファベット順に記されている。

こうした著作を完成するには西洋の情報源が必須であったが、その点キャーティプ・チェレビーは十分な幸運に恵まれており、「シェイフ・メフメト・エフェンディ・イフラースィー」の名で呼ばれたフランス人と知己を得ている。彼は元聖職者のムスリムで、「地理に関する科学と理論を身につけており、ラテン語を熟知する人物」であった。彼がトルコに来たのはイスラーム研究のためであったが、その目的は論破することにあった。しかしクルアーン一一章四四節を読んでのち、彼はイスラームに改宗した。「そのとき、お声があった、『大地よ、おまえの水を飲み干せ。天よ、雨を抑えよ』。すると水はひき、事は終わった。箱舟はグディ山の上に止まった。そのとき、またお声があった、『不義の民は滅びよ』」。この章句の持つ抗い難い強烈な力については、他の改宗者の例においても記録されている。

シェイフ・メフメト・エフェンディ・イフラースィーの援助もあって、キャーティプ・チェレビーは著作を完成させたが、それはオスマン人による学術の金字塔であった。これに感銘を受けて後を追う者も続出した。西洋についての知識にムスリムの目を向けさせたという点で、この書の重要性はどれほど強調しても過大評価にはあたらない。

一六五六年に完成した『真理の天秤』は、著者の生涯最後の書である。イスラームの教義と実践において騒擾《そうじょう》の的となる論点をめぐるいくつかのエッセイと、多分に自叙伝的な結びの部分で構成されている。自由主義の精神と良識の息づかいの中、散りばめられた辛辣《しんらつ》なユーモアが小気味よい。著者は決して怖じ気づくことなく自らの考えを述べている。相手がシェイヒュル・イスラームであろうが偉大とされる名士であろうが、支離滅裂なたわ言、もったいぶった道徳訓、愚者の痴《し》れ言《ごと》と思えばその通りに述べる。

彼の親友でもあり、シェイヒュル・イスラーム（イスラームの長老）を務めたアブドゥッラヒーム・エフェンディは、彼の著作に対する自らの支持を公的にも表明した。それでも本書の、少なくとも一部分は、二世紀以上ものちになってから宗教熱心な人々の反感を買うに足るものであった。本書の第八章、預言者の両親は不信仰者とみなされるか否かという古くからある問いに対する建設的な解答を述べた部分が、一八八八―八九年のエブズィヤ版では省略されている。理由として、ひとつにはこの主題に関する保守派の見解が、キャーティプ・チェレビーの時代とは変わったという点が挙げられる。またそれとは別に、知識人の輪が大きく広がり、その中に「ふつうの市民」――彼らについて著者は常々、自らの理解力では追いつけない深い造詣を要する問題を自己表現の場とするべきではない、と主張した――が多く含まれるようになったのである。

『真理の天秤』は、むらの多い書物ではある。著者が収録しているエッセイのうち一ないし二編、特に「アブラハムの宗教」と題された長文は、おそらく刈り込むこともできたはずだが、しかし私も刈り込もうとは思わなかった。それをすれば彼が決して承認しないであろうことは、彼の著書『世界の鏡』にある、自分の著作を改竄《かいざん》するかもしれない全ての書写生たちを非難する簡潔な悪態(「神罰が下れ。おまえの富も寿命も改竄されろ」)を見れば明白である。翻訳の欠陥についてなら、彼はより寛容であってくれるはずだ。証拠として、『疑念の解消』にある彼の言葉を参照されたい。

自然科学、形而上学、数学を扱う書籍の大部分は非イスラーム的なギリシャ語やラテン語で記されている。何故ならその多くはキリスト教徒の土地に遺されたものであり、非常に稀な例外を除けばアラビア語に翻訳されたものはない。その上、翻訳されたものは原著の趣旨が損なわれている。不完全な翻訳によって大幅に歪められているためである。これは書物を、ひとつの言語から別の言語で表わすにあたっての厳然たる事実である。これは個人的に身に覚えのあることで、その有り様は『地図帳』(*Atras*)やその他のラテン語の書物をトルコ語に翻訳するのにかかりっきりになっていた時に、自らこの目で観察済みである。

私がテキストの底本として採り上げたのはヒジュラ暦一三〇六年/西暦一八八八—八九年にイスタンブルで発刊されたエブー・ズィヤー(アブル゠ディヤー)版であり、これを参照し、また第八章については大英博物館所蔵の写本七九〇四号をもって補った。

訳注を増やさないよう、私は必要に応じて著者の言葉を若干、拡張した。また同様の理由から、全てのヒジュラ暦には相当するグレゴリオ暦を、クルアーンの引用には章句の番号を付加した〔ルイスの翻訳ではフリューゲル版の番号が付されていたが、本書では標準エジプト版の番号を付した〕。アラビア語起源のトルコ語ならびに名詞群は、（a）すでに英語形が受容されていればアラビア語形で音写し、（b）音写が定まっていなければトルコ語形で音写した。ムハンマドではなくメフメト、カーディー・アスカルではなくカザスケル、といった具合である。満場一致で受け入れられるオスマントルコ語字訳を完成できる見込みなど皆無であるし、それに私が妥協に傾いたとしてもキャーティプ・チェレビーは、厳し過ぎることは言わないでくれるだろうと感じている。

……さりとて、そうしたところで彼が神に対する反逆者になるわけでもなければ罪人になるわけでもない。それは無害である。

二　イスラーム的背景について

A　イスラームにおけるシャリーア（sharī'a、聖法の科学）は、usūl ならびに furū'、すなわち根と枝にかかる学問に分けられる。

（a）法の根は、合計すると四つになる。

（1）クルアーン（Qur'ān）。預言者ムハンマド（六三二年没）に啓示された神の言葉。

（2）ハディース（hadith）、伝承。「教友」と呼ばれる預言者を知る人々が、口承で語り継いだ彼の言葉や行為。これによって確立された先例の総体がスンナ（Sunna、「実践」）である。スンナには、三つのカテゴリーがある。

（i）Sunnat al-qawl　預言者が命じた、と伝えられているもの。

（ii）Sunnat al-fiʿl　預言者が行なった、と伝えられているもの。

（iii）Sunnat al-taqrīr　預言者の知識をもって彼以外の誰かが言ったり、行なったりした／かつ預言者はそれを禁じなかった、と伝えられているもの。

ハディース集成のうち最も有名なのはブハーリー（八七〇年没）の『サヒーフ』（*Sahīh*）である。しかし口承の集成が文書化されて後においても、口伝こそが伝承の正しい伝え方であるという規則は残った。読むだけではなく耳で聞き、復唱し、その説明を受けるのが、伝承の正統な学び方である。本書一七一頁（著者による「結語」）を参照。

（3）キヤース（qiyās、類推《るいすい》）。クルアーンはワインの飲用を禁じている。従って、その他の酩酊をもたらすものも禁じられていることはキヤースによって明白である。本書六二頁（「第五章　たばこ」）を参照。

（4）イジュマー（ijmāʿ、合意）。伝承に従った司法上の判断。「神はあなたがたを三つのものから保護したもう。あなたがたが完全に迷ってしまうことのないよう、預言者はあなたがたを呪詛しない。あなた方のうち真実を語る者を、詐欺師は打ち負かせない。そしてあなたがたが、全員一緒に間違った教義に陥ることは決してないだろう」。神学上、イジュマーは学者の領分であって、一般の人々に属するものではない。実際のところ、「学者たちのイジュマー」は、一般の人々の生活から排除しようもなく大部分を占める非イスラーム的な、場合によっては異教的ですらある慣習を承認するのに用いられている。

（b）枝とは実定法の系統的運用にかかるものであり、いくつかのカテゴリーに分類されている。

B　イスラームの五柱。ムスリムの五つの義務とは、以下の通りである。

（1）生きている間に、少なくとも一度はシャハーダ（shahāda、信仰の告白）を唱えること。「アッラーの他に神はなく、ムハンマドは神の使徒なり」

（2）一日に五回、礼拝すること（サラート）。金曜の昼の礼拝はモスクに集合して行なわねばならないが、他の礼拝は自宅や、その他どこで行なっても問題はない。所定の文言を唱えるのに加え、多くの身体動作が含まれており、以下、礼拝というよりは、むしろ業務内容の説明をしているかのようになる。

一日に五回の礼拝は、一回につき二ないし四ラカー（raka、所定の動作一式）からなる。最初は真っすぐに起立する。お辞儀をする。頭を挙げる。それから座り、「七つの仲間たちと共に」、つまり前頭部、両手、両膝、両足すべてを床につけて平伏する。これを再度行なう。それぞれの動作のタイミングについて、参加者たちは、礼拝の先導を務めるイマームに倣う。

金曜の礼拝時には、二つの説教が行なわれる。ひとつめはフトバ（khutba）と呼ばれる、多かれ少なかれ預言者への賛美と、その時々の統治者のための祈りとが入り交じった体裁の講話である。これはハティーブ（Khatib）によって行なわれる。その他にワーッズ（wa'z）があり、これはワーイズ〔私的に学問を修めた一種の語り部、説教師〕が、自ら構成して語る説教である。ムエッズィン（muezzin、アラビア語でmu'adhdhin）がミナレット〔モスクなどに併設する塔〕から発する礼拝の呼びかけをエザーン（ezan、アラビア語でadhan）という。小さなモスクでは、これらの役割すべてをイマームが一人でこなす場合もある。大きなモスクではムエッズィンが複数名いる場合があり、典礼が執り行なわれている間も、イマームの発言に対する賛辞を返したりする。一般の会衆は、しかるべきところでアーミン（āmin、アーメンと同様である）と唱える他は沈黙している。

（3）喜捨（ザカート）。

（4）太陰暦九月のラマダーン月の間は、日中の断食を行なう（サウム）。

（5）一生に一回、経済的・肉体的に可能であればマッカに巡礼する（ハッジ）。

一部の法学者は上記の五つにジハード（Jihād）、すなわちイスラーム教の受け入れを拒否した異教徒たちに対する聖戦をつけ加える。しかしながら、それは共同体の責務であって個人のそれではなく、間違いなく成功する、と合理的に判断できる機会においてのみ実行されうる。

C　行為は五つのカテゴリーに分類される。イスラーム法は、あらゆる行為をこの五つのカテゴリーのうちどれかひとつに位置づける。
（1）義務：これを行なう者には報奨があり、これを無視する者は罰される。
（2）推奨：これを行なう者には報奨があるが、無視しても罰されることはない。
（3）許容：行なっても無視しても法的に違いはない。
（4）忌避：ただし罰されることはない。
（5）禁止：刑罰の対象。

D　スンナ派とシーア派。預言者亡き後、誰が彼のカリフ（khalīfa、後継者）として礼拝の先導者（イマーム）、争いごとの仲裁者、そして軍の指揮者としての役割を担うかという問題をめぐって、イスラーム教は大きく分裂した。神の使徒としての役割については、後を継げる者はいなかった。ムハンマドは最後の預言者であり、預言者たちの封印だったからである。

最初の四人のカリフ（と、就任した年）とは、アブー・バクル（六三二年）、ウマル（六三四年）、ウスマーン（六四四年）、そしてアリー（六五六年）である。当時においても十分に過ぎる騒擾と軋轢《あつれき》があったのだが、その後のイスラーム世界における激動に悩み、苦しむ者たちにとり、振り返るとそれは黄金に輝く時代のようにも見えるらしい。そのようなわけでこの四名は、「正しく導かれたカリフ」（Khulafā Rāshudūn）たちと呼ばれている。

六六一年、シリアの統治者ムアーウィヤがアリーからカリフ位を簒奪した。彼が創始したウマイヤ朝は、その後七五〇年にアッバース朝に取って代わられるまで続いた。一二五八年、モンゴルのバグダード侵攻により、政治権力としてのカリフ制に終止符が打たれた。しかしその称号は、のちに最大の規模にふくれあがったムスリム共同体の、実質的な支配者であるオスマン朝のスルタンたちによって復活することになる。

だが当初よりカリフ制は、預言者のいとこであり娘婿であるアリーとその子孫にこそ属する権利である、と考えていた一派が存在していた。この一派が「アリーの党」(Shī'at Alī)、いわゆるシーア派である。彼らはアリー以前または以降の、正統とされているカリフたちを簒奪者とみなしていたし、また今でもそうみなしている。これに対し、本当にムハンマドに従っているのは自分たちだけだ、と主張する大多数の伝統派がおり、彼らは「スンナの民」(Ahl al-Sunna)、すなわちスンナ派を自称している。現在のシーア派は、イラクの人口の約半分と、ペルシャほぼ全域によって形成されている。

E　四学派。クルアーンは法の諸規則としては整備されておらず、また日常生活のあらゆる偶発的事態への備えがあるわけでもない。そこでクルアーンに基づく完璧な法制度を構築するという課題に、非常に多くの学者たちが取り組んできた。彼らがめいめいに形成する集団がマズハブ(「学派」(madhab、複数形 madhāhib))である。スンナ派の間では、解釈に関する四つの学派が十四世紀の初期までには完成しており、お互いに夢中になって競い合っていた。以下はその学派の名称と創始者、そして優勢を占める地域である。
（1）ハナフィー学派：アブー・ハニーファ（七六七年没）。トルコ、インド、パキスタン、アフガニスタン、ソ連邦。
（2）マーリキー学派：マーリク・イブン・アナス（七九五年没）。上エジプト、スーダン、北アフリカ、西アフリカ。
（3）シャーフィーイー学派：シャーフィーイー（八二〇年没）。下エジプト、ヒジャーズ、アデン、インドネシア、マラヤ。
（4）ハンバリー学派：アフマド・イブン・ハンバル（八五五年没）。サウジアラビア。
これらの学派はセクト（分派）ではない。各論の詳細が異なっているだけであり、神の意志の解釈としてはすべて同等かつ正統である。すべてのスンナ派は生まれると同時に四学派のうちどれかひとつに属しており、世代から世代へと受け継ぐことが合法とされている。

F　イジュティハード（Ijtihād）と、ムジュタヒド（Mujtahi）。前者は「努力する」という意味である。専門用語としては、クルアーンと伝承に基づいてすぐれた法学者が自ら判断を下し、それに従うことにより法の諸規則を全うすることを意味する。こうした学者がムジュタヒドと呼ばれる。四学派の創始者たちは、特定の学派の初期に関わった、という点で全員ムジュタヒドである。しかしながら、十世紀初めまでにはほぼあらゆる面における合意が整い、もはや未解決の問題はなくなったとの結論が下された。「イジュティハードの門は閉ざされた」。それ以降、新たな法を立ち上げる目的でクルアーンと伝承を参照することを許されたムスリムは一人としていない、ということになっている。自分の従う学派のムジュタヒドであった創始者を乗り越えることはできない。とはいえ、本書六二頁（「第五章　たばこ」）を参照されたい。

G　ウラマー、ムフティー、シェイヒュル・イスラーム。語のうち最前者はアラビア語で知者、学者を意味するUlamāを英語風に記したものである。イスラーム教には、聖職者や聖職の叙階《じょかい》は存在しない。過去のムジュタヒドたちが作り上げた法を解釈する特権を持つのは、宗教諸学の研鑽を積んだウラマーである。これが「ウラマーは、預言者たちの後継者である」という伝承の意味するところである。オスマン帝国におけるウラマーは、巨大な影響力と権力に密接に組織化されていた。理論上、スルタンの勅令《ちょくれい》や法律（qanun）は聖法と一致していなければならず、それを証明するのがウラマーの仕事であった。彼らの賛同はいつでも得られて当然、と考えられていたわけではない。スルタンの望みが聖法に反していれば、勇敢なウラマーがそれを許さない、といったことも時には起こった。発議された法令は常にムフティー（muftī　法学者）に提出され、彼らによって合法であるか否かの判断が下される。彼らの返答はファトワー（fatwa、勧告）と呼ばれた。首都においてムフティーの長《おさ》を務める者は、シェイヒュル・イスラームの称号で呼ばれ、階級の頂点とみなされた。彼の直下には二人のカザスケル（qāḍī-i'askar）と呼ばれる軍法官がおり、さらに彼らの配下にいるのがカーディー（qāḍī、裁判官）である。以下ムフティー、教師、その他の職業的学者などが連なっている。

H　スーフィー教団（タリーカ）。ウラマーたちによる公的なイスラームに加えて、デルヴィーシュたちの教団によるスーフィズムが存在する。スーフィズムとは、イスラーム教圏における禁欲的・神秘主義的運動である。その支持者たちは清貧を是として実践しているため、「貧者」（ペルシャ語ならデルヴィーシュ（dervish）、アラビア語ならファキール（faqīr））と呼ばれている。彼らの宗教実践の柱としてタワックル（tawakkul、神に対する全面的な降伏）とズィクル（dhikr、神の想起）があり、後者は宗教的修行の形態を取っている。教団はそれぞれ独特のズィクルの手法を持っており、それはメヴレヴィー教団による荘厳な旋回舞踊からリファーイー教団による咆哮や果ては自傷まで、多岐に渡っている。現代のトルコでは、教団は非合法化されている。

目次

凡例

本書は Kâtip Çelebi. *Mīzan al-ḥaqq fī ikhtijārī al-ahaqq.* の全訳である。

トルコ語原文については、Mustafa Zahit Öner による現代トルコ語訳とラテン文字転写された校訂版を参照した。

Mustafa Zahit Öner. En *Doğruyu Tercih Hususunda Hakk,ın Ölçüsü: Mîzânü,l-Hakk fî İhtiyâri,l-Ehakk*. Büyüyenay Yayınları. 2024.

英訳については、G.L. Lewis. *The Balance of Truth. London: George Allen and Unwin LTD*. 1957 を参照し、英訳の注を本書にも付した。

「解説」所収の『疑念の解消』についてはEkmeleddin İhsanoğlu and Bashar Awad Ma'rouf (eds). *Kashf Al-Zunūn 'An Asāmī Al-Kutub Wa Al-Funūn*. London: al-Furqān Islemic Heritage Fouondation. 2021. を参照した。『国家の秩序を乱す問題を解決するための行動指針』については、Ensar Köse (ed.). Katip Çelebi, *Siyaset Nazariyesi - Düsturu'l-amel li Islahi'l-halel*. Istanbul: Büyüyenay Yayınları. 2016. の校訂版を参照した。『世界の鏡』については、Gottfried Hagen and Robert Dankoff (eds.). Ferenc Csirkés, John Curry, and Gary Leiser (Trans). *An Ottoman Cosmography: Translation of Cihānnümā*. Leiden and Boston: Brill. 2021. を参照した。

キャーティプ・チェレビーによる序言

慈悲あまねく、慈愛深きアッラーの名において。

アッラーに称賛あれ。主は知性をもってその創造の証明とし、それにより、真偽を区別する手段としての啓示の法を強めた。虚偽と真理を分かつ啓示と、完璧な知性と共に遣わされた預言者ムハンマドに、それから彼の家族と彼の教友たちに祝福と平安あれ、高名な学者たちが集まって、延々と議論を続けていられるくらいの間は。

創造以来、理性知（理性に立脚する知）と伝承知（啓示に立脚する知）は二頭の競争馬のようなものだと喧伝される一方で、賢者たちの間では、理性知と伝承知は一対の双子のようなものとして認められてきた。そしてその論理的証明とは、確実性の高みへの階段であり梯子のようなものである。これが疑問や推測といった事態における、あらゆる人間の言論とあらゆる物事の判断の土台となっている。一部の者は見え隠れに出没してささやく者[1]に誘惑され、証明を脇に置き、無知と愚かさから、故意に単なる憶測や推測を、証明に匹敵するものとして持ち出してくる。人より多くの質問を発することで、言い争いや無駄な偏見の病の犠牲となるのである。昔々の狂信的な戦争のように、これら馬鹿ものたちの無駄な論争はほぼ流血沙汰を招く。こうしたわけで、論争における諸問題に対する証明の方法を示すためにささやかながら文章をしたため、これに『最も正しい真理を選ぶための真理の天秤』の題名を与えた。これにより一般の人々も、論争や口論において何が問題点となっているのか、またそこから果実を得るにはどうすればよいかが分かるようになるかもしれない。

はじめに

合理的な科学の必要について。

真理の後を追う探求者は、人知はそれが実在であるか非実在であるかに関わらず絶対的に不可知であることを理解せねばならない。知性は、そちらの方向へと続くものではない。

物質から完全に自由な存在についてであれば、その類いに属するものの研究は形而上学と呼ばれる。それは無数に枝分かれしている。これを研究する者といえば哲学者か神学者のどちらかである。

意識においては物質を不要とするが、外形上は物質を必要とするものについてであれば、その学問は数学と呼ばれる。この学問には四つの基礎分野がある。算術、天文学、地理学、そして音楽である。

知性においても外形においても絶対的に物質を必要とするものであれば、その類いに属する学問は自然科学と呼ばれる。これもまた、無数に枝分かれしている。[2]

あらゆる純理論的かつ合理的科学はこれらのうちどれかひとつ、あるいはこれらから枝分かれした分野に属している。その研究方法は思索と推論である。思索の誤りを避けるために、人は仮説と推論の規則を考案し、それを実験の科学、あるいは論理の科学と名付けた。これが科学における天秤であり試金石である。偉大な学者であるサイイド・シャリーフ・ジュルジャーニー[3]は、学問を身につけたどの学者の知識であろうとも、この天秤と試金石による試験に基づかないようであれば、誰にも尊重されないし根拠とされることはないだろうと述べている。それゆえ真実の後を追う探求者たちのほとんどが、これを必須と心得ている。論理の科学はそれ自体の目的追求のために存在するのではなく、手段であり知識を得るための道具であり、創造以来のあらゆる民族と国家における本質、真理、正確な科学の主軸である。

ここで言及している真理とは、事物の科学である。これらの科学が扱う課題は、啓示された書物と神聖な宗教諸科学において言及されている主題にも沿っており、ほとんどの場合一致しているが、しかし多数の例において、それらの間には相違も存在する。そのためキリスト教徒の共同体は哲学を拒絶した。それにひきかえムスリムは哲学への解答を、いわく言いがたい玄妙さをもって構築し、公然と拒絶することはしなかった[4]。この件については、それを学んできた者には分かるだろう。

さて聖法の諸科学についてだが、当代においてはこれがイスラームの学びの目的であり、それは二つに分類される。ひとつは学ぶことそれ自体が目的であるもの、もうひとつは学ぶことそれ自体が目的であるものを学ぶ手段として学ぶものである。後者を道具的学問、訓練的学問、アラブ諸学と呼ぶ。何故ならこれらは、それを学ぶこと自体は目的ではないからである。これらから得られるものとは直接的には学習の規律であり、間接的には自己の鍛錬である。これらはアラビア語の表現方法を扱う。ものの本にある通り、それらが合計で十二あることは周知の通りである。(5)

学ぶことそれ自体が目的である諸科学は、扱われる主題ゆえにその他とは区別される。神の言葉を主題とする学問とは、クルアーンの解釈ならびに多様な朗誦法《ろうしょうほう》の、枝分かれしたものも含めた科学である。アッラーの使徒ムハンマド（神よ、彼を祝福し平安を与えたまえ）の言葉を主題とするものは、枝分かれしたものも含めて伝承の科学と呼ばれる。これら二つから生じたもの、これらの主題と関連があるもの、あるいは単に教条に関連するものであれば、それはイスラーム神学と呼ばれる科学である。のちの学者たちは哲学的課題とこの学問をごちゃ混ぜにした。偉大なるサアドッディーンが『目的注釈』（*Maqāsid*）(6)において述べている通り、そうすることにより「多くの著述家が困難からの逃避を得た」のである。

単に教条のみならず実践にも関わりのある科学であれば、それはイスラーム法理学と法学であり、誘発と抑止に関連する諸科学である。すでに言及した通り、理性的かつ哲学的な諸学問は、これらの諸科学に組み込まれた。従ってこれらにも多少なりとも手をつけない限り、それらの方面でも熟達した者にはなれないのである。

さてここで、人々の間で非常に一般的となっている科学否定の核心に迫ろう。

イスラームの創始期において教友たちは、預言者から受け取りかつ伝えられた啓典とスンナに専念し、完全に信仰の規則に基づくものでない限り、その他の科学の探求は認めなかった。禁じるにあたって彼らは、最大級の厳格さを示した。ウマルに至ってはカイロとアレキサンドリア侵攻時に、何千冊ものギリシャ語の書籍を焼き払ったほどであるが(7)、そうでもしなければ人々は神の書と、神の預言者のスンナの暗記を怠《おこた》り、信仰がしっかりと根づかない。第一の世代は公共の利益を、そのように見ていたのである。教友として知られ、またまたイスラーム法学において自己の見解を持つ者(ムジュタヒド)でもあった第二、第三の世代は、受け継がれた伝承を成文化した。彼らはイスラーム法規範の根と枝に基づき、法的根拠と共に聖なる法令を導き出した。彼らはそれを書きとめて明文化した。イスラーム諸科学が体系化され、保護され、考えられるあらゆる腐敗からも安全となった時、ムスリムの長たちは、まさにこれこそが第一の世代による禁止令の目的であったことを理解したのである。危険が取り除かれた以上、この目的はもはや有効ではなくなった。ウマイヤ朝やアッバース朝時代においては、物事の真実を知るための科学はムスリムにとって重要である、という見方が一般的であった。それゆえ彼らは古代の人々の書物を、アラビア語に翻訳したのである。

いつの時代においても、もって生まれた堅実な判断力と実直な意識を持つ者たちが、それらを読んだり学んだりという穴に陥ることはなかった。いつの時代においても、自らの生涯を哲学と聖法の両方に捧げた学者の著作は広く知れ渡り、尊敬を集め、そして学ばれた。偉大な神学者であり学者であるイマーム・ガザーリー、イマーム・ファフルッディーン・ラーズィー、碩学《せきがく》アドゥードゥッディーン・イージーとその弟子たち、カーディー・バイダーウィー、博学シーラーズィー、それからクトゥブッディーン・ラーズィーとサアドッディーン・タフタザーニー、それからサイイド・シャリーフ・ジュルジャーニーと彼らの優れた弟子ジャラール・ダッワーニー、そして彼らの弟子たちは学問と研究の高みに到達し、また自らをひとつの分野の知識のみに限定することはしなかった。(8)

しかし多くの知的でない人々は、かつて一度だけ諸科学の伝達が禁止されたことをもって岩のごとく不動となり、凍りついたように故事の模倣にとどまった。物事の真実を熟慮も考慮もせず、新たな科学を拒絶し、否認したのである。彼らはずっと無学のまま、学問を修めた者を通り過ぎ、「哲学的諸科学」と呼んでこれらを軽んじることを好み、それでいて地上についても天上についても何ひとつ知らない。「彼らは天地の王国に注目し、神が造りたもうたものを見たことがないのか(クルアーン七章一八五節)」という警句も、彼らには何の印象も与えない。彼らは地上の世界や天空を「見る」ということを、牛か何かが外をじっと見ているのと同じことのように考えているのである。

オスマン帝国の最初期から、今は楽園に住まう故スルタン・スレイマン(9)の時代にいたるまで、聖法の諸科学と哲学のそれとを融合させた学者は高い名声を勝ち得たものである。

かの征服王スルタン・メフメト(10)はサフヌ・セマン・メドレセ学院を建立し、彼のワクフ(寄進地）にはこのように記した。「カーヌーン（法）に従い、なすべき仕事をなせ」。それから『信仰の純性化』（ナスィールッディーン・トゥースィーの著作）の解釈書と『見解注釈』（イージーの著作）の講義を行なうよう命じたが、後の世代はそれらの講義を「哲学的」との理由で中止してしまい、彼らがよりふさわしいと考える『導き』（*Hidāya*）と『完全詳細』（*Akmal*）の講義を行なうようになった。[11] しかしこのような禁止令は全く合理的ではなく、かえって哲学も『導き』も共倒れとなり、何ひとつ残らなかったのである。そのためルーム（アナトリア）の学問市場はすっかり冷え込んでしまい、学者たちのほとんどが姿を消してしまった。すると少しばかり遠方の、クルドの土地のあちらこちらで「カーヌーンに従い」なすべき仕事をなしていた学者たちが、ルームに上洛して一大旋風を巻き起こした。彼らを見て、一部の有能な者たちが哲学の徒となった。一学徒《いちがくと》として、このささやかな書の慎ましき著者たる私も、物事の真実に関する知識の獲得にあたっては、議論と勉学の間にも、かつてプラトンがソクラテスに鼓舞されたのと同じように才知ある人々に励まされてきた。

本書において私は、すべての人々に対する助言と勧告として、いくつかの主題に言及して述べている。それにより、到達した先にたとえどのような絶対的知識が待ち構えていようとも、それを得るためならば可能な限りの努力が払われるようになるかもしれない。その必要性は、何がしかの折りにでも確実に理解されるだろう。学ぶことには何の害もない。人々にそれを、非難させたり否認させたりしてはならない。何故ならそれは、学ぶことからの離反と剥奪に至るからである。

第一の話題。幾何学者のムフティー（法学裁定者）と、そうではないムフティーのファトワー（法学裁定）について。長さ、幅、深さ四キュビット（一キュビット＝五十センチ弱）の井戸を掘るのに、ある男が別の男を八アクチェ銀貨で雇った。男は長さ、幅、深さ二キュビットの井戸を掘り四アクチェ銀貨を要求した。彼らはファトワーを申請した。数学を知るムフティーは以下のファトワーを返した。「与えられるべき支払いは一アクチェ銀貨である」。そしてこれは正しい。何故なら一辺が二キュビットの井戸は、最初に注文された井戸の八分の一だからである。

第二の話題。幾何学者のカーディー（裁判官）と、幾何学を知らないカーディーの判断。ある男が一辺百キュビットの土地を売った。だが引き渡す際には代わりに一辺五十キュビットの土地を二つ与えた。互いに口論となったため、彼らは幾何学を知らないカーディーの許《もと》へ行った。彼の評決は以下の通りであった。「与えられるべきものは与えられている」。その後、幾何学者のカーディーを見つけたので彼の評決を伺った。「それは与えられるべきものの半分である」。そしてこれは正しい。誰であれ、これに関する原則を学びたいと思う者におすすめの学問は数学である。

第三の話題。賢者バイダーウィーは、クルアーンの章句「そして、月もある。われらは（月に）数々の宿を定めた（クルアーン三六章三九節）」についての解説の中で、月の二十八の宿《しゅく》について説明した後に「毎晩、月はそのうちのどれかひとつを宿として滞在する。どれかを外したり、短めに切り上げたりはしない」と記している。もしも月がすべての宿に、同じ時刻に到着するのであればこれは正しい。しかし実際はそうではない。時として、月は深夜にひとつの宿から次の宿へと移動する。全ての宿には約十三度ずつ一定の間隔がある。だが月は毎晩、ある夜は十一度、またある夜は十五度といった具合に移動するのである。誰であれ、これに関する原則を学びたいと思う者におすすめの学問は占星術と天文学である。

　これとは別に、「アレキサンダーの城壁」問題、というのがある。バイダーウィーの「ふたつの障壁の間（クルアーン一八章九三節）」の解説では、これはおそらくタブリーズ地方のアルメニアとアゼルバイジャンの間に位置する山脈であるとされている。これは事実に則していない。誰であれ、これを確かめる知識を得たいと思う者におすすめの学問は地理の科学である。

第四の話題。数学の勉強にいそしんでいた頃、私の心に三つの質問が浮かんだ。これは法に関わる問題であると考えた私は、当時のシェイヒュル・イスラームであるバハーイー・エフェンディ[12]にファトワーを求めた。回答はなかった。私がこの問題の解説を含む小論を執筆した後になって、彼はようやく三つのうちひとつについて回答を寄越してきた。それはシェイヒュル・イスラーム自身が手書きし、上長であるシェイフザーデ・エフェンディに提出され、公的な審理を経てファトワーとして発令されたものである。一読して、狂気の沙汰と言うもすさまじいしろものであった。そこで私は一字一句を正確に書き起こして「解説の訂正」という見出しをつけ、小論に追加してやることにした。望む者あれば拙著を手に取られたい。質問は以下の通りである。

（1）西に太陽が昇ることと、天文学の規則との間に一致の見込みはあるか。[13]

（2）六ヵ月の昼と六ヵ月の夜がある土地では、人はいかにして日に五回の礼拝と断食を行なえるか。

（3）四方向のいずれもがキブラである場所が、マッカの他に存在するか。[14]

思索の道において、憶測と不確実性にまみれて誤りに導かれたロバとして終わりを迎えないためにも、能力を与えられた人間として抽象的思考をみがき、数学を理解するためのできる限りの努力をしなくてはならないことがお分かり頂けるはずである。

注意。以下、事実を述べておく。どのような話題であれ、議論や意見の相違が一度でも人々の間に起これば、たとえその後に合意に達したとしても、起こった議論と意見の相違は二度と消し去ることはできない。戦士が一人の力でもって、一方の側を沈黙させて征服したとしても、沈黙は長くは続かない。逃亡し、自分たちの道の方へ逃れるだけのことである。さて本書の目的は仮説の立て方、議論の進め方の実際を示し、能力のある人には試問を提供することにある。その他については、「大衆はロバである」。誰が彼らの議論だの口論だのを気にかけるだろうか。

アダムの時代以来、人類は分裂してきた、という点も認知されるべきである。あらゆる分派には彼らなりの考えや方法があり、他の分派からすればそれは敵対的に見えることもある。「すべての党派は自らをことほぐ（クルアーン二三章五三節）」と、全能の神が告げた通りである。誰もが自分のやり方を好《この》む。他のどれよりも、自分たちのやり方の方を好むのである。しかしそうは言っても、中には知的な者もいる。これらの相違の隠れた目的について彼らは沈思黙考し、やがてそこに多くの利点が潜んでいたことを見いだす。そうなれば彼らは、他の誰かの信条や方法に干渉したり、攻撃したりすることもなくなる。自分の宗教に照らして、それが間違っているように思えるなら、自分がそれに手を染めなければ良い。彼らは黙って心の中で否認し、それで満足するだろう。それ以外の人々は、たわ言をまき散らす馬鹿どもである。彼らは相違の隠れた目的、あるいは英知を理解せず、すべての人間がひとつの信条と行動規範を共有するべきだという不合理な概念にしがみついている。宗教の問題についてのいわれなき論戦は禁じられているにも関わらず、干渉と攻撃の罠に落ちた者たちは、ものごとを荒立てずにはいられない。もちろん、何ごともなかったようにはならない。彼らは自分で自分の首を絞めているだけである。

さて、真理を見定めんとする曇《くも》りなき眼の持ち主よ、人間にとり必要不可欠である文明と社会の目的それ自体が、様々な階層の人間どうしの相違への理解を深めること、またあらゆる地域の国家や状態を知ることを要求している。都市の人々のあらゆる階層における習慣と流儀を知ったならばその後は、地上における居住可能な地域とその住民たちについて、また彼らの状態について概略を知る努力をするべきである。そののちに、文明の隠れた目的が徐々に明らかになるだろう。ある種の議論や論争に明け暮れる者たちが、蜘蛛の巣に捕えられた蝿と同じくらい弱く無能で無力であることが、おのずから明らかになるであろう。

注

（1）「見え隠れに出没してささやく者」とは悪魔を指す。このフレーズはクルアーン一一四章からの引用である。「言え、『私はお加護を求める、人間の主に、人間の王、人間の神に、見え隠れに出没してささやく者の悪からのがれて。人間の心にささやく者、ジンでも人間でも』」

（2）こうした科学の三層の区分については、フワーリズミー著 *Mafātīh al-'Ulūm*（A.D.980頃、G. van Vloten, Leyden 編纂、1895）p.132 とも比較せよ。「純理論的な科学は、三つの部分に分けられる。一つは実体と物質を所有するものについて調べる科学であり、これは『自然科学』と呼ばれる。もう一つは実体と物質の埒外にあるものについて調べる科学であり、これは『神学』、またはギリシャ語で『テオロギア』と呼ばれる。そしてもう一つは、物質を所有するものについてではなく、物質それ自体に存在するもの、すなわち計測、形態、動作、等々などを調べる科学で、これは『数学』と呼ばれる」

（3）アリー・イブン・ムハンマド・アル＝ジュルジャーニー（一三三九―一四一三）は、とりわけ文法、論理学、そして kalām（次項参照）の分野で著名な執筆家。イージーによる『見解注釈』（*Mawāqif*）への注釈が良く知られている（注8参照）。サイイド（Sayyid）、シャリーフ（Sharīf）といった彼に対する敬称は、その祖先がハサン、フセインを含む預言者の子孫であることを尊崇をもって示すものである。

（4）ごくふつうのムスリムにとり、falsafa すなわち「哲学」は自由思想を連想させるものである。これに対し、ムスリムが構築した「解答」が kalām すなわち「神学」であり、その専門家は mutakallim と呼ばれる。

（5）科学の分類については、J. Heyworth-Dunne, *An Introduction to the History of Education in Modern Egypt*

(Luzac, 1938), pp. 41–2, 78 参照。

(6) サアドッディーン・マスード・イブン・ウマル・アル＝タフタザーニー（一三二二—八九年）は法学、伝承、文法、論理学、そして kalām に関する著作を執筆した。kalām の指南書である自著 *Maqāsid* の注釈も自ら執筆している。

(7) 西暦六四六年、ウマルがカリフ位にあった時代になってアレキサンドリアはようやく征服された。焚書云々は後代のフィクションであるが、それを本書の著者が注釈なしにそのまま引いているのは意外なことではある。

(8) 最も偉大なムスリム神学者であり、正統派言説の範疇にスーフィーたちの神秘経験を組み込んだガザーリー（一〇五九—一一一一年）については、彼の著作『宗教諸学の再興』（*Ihyā' 'ulūm al-dīn*）の概略を分析したA・J・アーベリー著 *Sufism* (Ethical and Religious Classics of East and West, 1950) の、特に pp. 79–83 を参照。包括的な分析であれば、G・H・ブーケ著 *Ih'yâ'Ouloûm ed-Dîn: Analyse et index* (Paris, 1955) 参照。

ファフルッディーン・ムハンマド・イブン・ウマル・アル＝ラーズィー（一一四九—一二〇九年）は著名なクルアーン解釈書の著者であり、神秘主義と kalām に関する多数の著作を遺した。

アドゥードゥッディーン・アブドゥル＝ラフマーン・イブン・アフマド（一三五五年没）は、kalām に関する書 *Mawāqif* の著者。

シーラーズのナスィールッディーン・アブー・サイイド・アブドゥッラー・イブン・ウマル・アル＝バイダーウィー（一二八六年没？）は、最も有名なクルアーン解釈書 *Anwār al-tanzīr* の著者であり、文法、法学、神学（kalām）に関する著作でも知られている。

クトゥブッディーン・マフムード・イブン・マスード・アル＝シーラーズィー（一二三六—一三一一年）は医者、天文学者、哲学者であり、伝承の収集家でもあった。

クトゥブッディーン・ムハンマド・イブン・ムハンマド・アル＝ラーズィー・アル＝タフターニー（一二九五―一三六四年）は、未完となったクルアーン解釈書の他にkalām、法学、論理学に関する複数の著作を執筆した。

ジャラールッディーン・ムハンマド・イブン・アスアド・アル＝ダッワーニー・アル＝スィッディーキー（一四二七―一五〇一年）は、ファールスのカーディーを務めた人物で、教義学、神秘主義、そして哲学に関する著作を遺している。

（9）スルタン・スレイマン・カーヌーニー、スレイマン一世。法典（qanun）を整備したことから「カーヌーニー（立法者）」、また英語圏では「壮麗者ソリマン」とも呼ばれる。在位一五二〇―三三年。

（10）スルタン・メフメト二世（在位一四五一―八一年）。コンスタンティノポリの征服者であり、自らのモスク敷地内にMedāris-i Semāniye（八つの学舎）を設立してこれを後援し、その運営に関する規則（qanun）を制定した。また寄進地（waqfiya）とは、ワクフ（waqf）と呼ばれる宗教目的での永久的寄贈、寄進を確証する文書を指す。

『信仰の純正化』（*Tajrīd al-kalām*）は、シーア派の政治家で哲学者、数学者、天文学者、ナスィールッディーン・ムハンマド・イブン・ムハンマド・アル＝トゥースィー（一二〇一―七四年）による著名な教理書。バグダードのモンゴル征服者フラグは、彼のためにアゼルバイジャンのマラガに天文台を建立した。彼の著書*Tajrīd*に関しては、数多くの解説が書かれた。ここで言及されている「*Tajrīd*の解釈書」とは、*Mawāqif*の注釈書と同様、ジュルジャーニーのそれを指している。

（11）『導き』（*Hidāya*）とは、フェルガーナ出身のブルハーヌッディーン・アリー・イブン・アビー・バクル・アル＝マルギーナーニー（一一九七年没）によるハナフィー学派の標準的な指南書である。また『完全詳細』（*Akmal al-atwal*）とは、サマルカンド出身のナジュムッディーン・ウマル・イブン・ムハンマド・アル＝ナサフィー（一〇六九―一一四二年）によるクルアーン注釈書。

（12）バハーイー・メフメド・エフェンディ（一〇〇四年／一五九五―六年生）は、一六四九―五一年にシェイヒュル・イスラームを勤め、その後一六五二年から一六五四年に死没するまで再び同職を勤めた人物。

（13）西方からの日の出は、「時」、すなわち審判の日の前兆であると信じられている。A. J. Wensinck, *The Muslim Creed* (Cambridge, 1932), p. 197 参照。「……太陽の、それが沈む方角からの上昇は……その他の終末論と同様、正統派の伝承においても（審判の日に）現実として生起する兆候とされる」（*Fiqh akbar* 二巻、二十九章の一部。本書第八章の注6を参照。）

（14）キブラ（qibra）とはムスリムが礼拝の際に向かう方向であり、マッカ神殿のカアバの方角を指している。

第一章　預言者ヒドルの「生命」について(1)

はじめに、「生」と「死」という言葉の意味は平易《へいえき》かつ常識の範囲内ではあるが、万全を期するためここで説明しておこう。まず「生」とは魂を吹き込まれた存在が有するものであり、呼吸、感覚、動作といった兆候が備わっている。魂を吹き込まれた存在が「生」の兆候を示していれば、それは生きものとも呼ばれる。この兆候を持つ存在は物質的な肉体であって、それらの原型は四元素(火・風・水・土)を材料に造られ、宇宙の原則に従って構成されている。あらゆる存在の構成は、行為と感情の支配と被支配が混ざり合った様相を呈している。混成物ができあがったところで、「生」を得る準備が整った状態になる。そして恵み豊かな主は、もの惜しみをなさらない。

恵み豊かな主は魂をお与えになる。それにより肉体は「生」を得て、感じたり動いたりし始める。異なる種類の生きものがおり、それぞれ、その構成もさまざまである。あらゆる生きもののうち最も均衡《きんこう》のとれた構成とは人間のそれであり、あらゆる構成の中心に位置している。

あらゆる生きものの日の長さは、その構成により長短さまざまである。これは寿命と呼ばれている。生きものの構成は互《たが》いに矛盾し合う元素どうしで造られており、同一の形態を永遠に保つことはできない。元素どうしの不協和、これが構成の質に変化をもたらすのだが、その兆《きざ》しが必ず現れる。不協和の兆しは三つの段階において観察できる。第一の段階は成長の時期と呼ばれる。第二が停滞、第三が低下である。これらの段階において顕著に異なるのが、構成の生み出す肉体的な力である。さらに能動・受動といった気質（これが構成の主柱であり、生来の熱や生来の湿気もここから発している）も、これらの段階を経て強さから弱さへと移り変わってゆく。生来の熱は、生命の肉体的な形態と動物的な精神を形づくる生来の湿気を絶えず奪っており、これは外部からの、どのような影響にも左右されることがない。

もちろん、排泄されて失われた湿気は食事を取ることで補われるというのは本当である。しかし生来の湿気は年齢を追うごとに低下してゆき、最後にはほとんど残っておらず、外部からの補充を受け入れたり、留めておいたりするのもままならなくなる。こうして、生は終わりを迎える。感覚と動作、そして呼吸が去ってゆく。そうした状態における生きものは、今度は「死」の兆候によって特徴づけられる。「生」の兆候が消失したのである。そのようなわけで、「死」とは生きものにとって本来的に回避が不可能であり、免《まぬか》れ得ない類《たぐ》いのことであるのが証明される。

生きものの属別、種別の分類はあらゆる個体に適用され、またあらゆる個体を網羅している。預言者イエス（彼に平安あれ）の場合のような、自然界の法則の埒外《らちがい》の奇跡が召喚されたのでもない限り、誰ひとりとして特別に異なる者はいない。万が一にもそうした主張をするには、啓典《けいてん》の決定的な章句による証明が必要である。議論の諸原則に従うならば、たった一例の物語や仮定のみでは、すでに確証されている問題の有効な否定となりえないことは明白である。

さて、ヒドルの「生命」についてである。これについて、脱肉体化を果たして精神的な存在の階《かい》梯《てい》に到達したものと理解するならば、彼について示されるある種の証拠も、イエスの場合と同様に、その主張は有効とみなされうるだろう。しかしそれならばヒドルは、イエスが復活した際のそれと同等の状態ということになる。イエスは、彼と同種の息子たちとは肉体的には相見《あいまみ》えることなく、言葉を交わしてもいない。とすると、これはヒドルにも不可能ということになる。先の主張を覆《くつがえ》すには、邂逅《かいこう》と対話が必須となるからである。(2)

ここで質問する者があるかもしれない。では〔ヒドルに「出会った」と主張する〕人々は、嘘をついているのか？　この伝説の背後には何があるのだろう？

タリーカ〔スーフィズムの教団〕を率いる守護されしシェイフたちは、目には見えない世界との往来や取引を数多くこなしており、精神的な領域との関係も深い。これは程度の低い者たちには、手の届かないことである。ウスキュダルのマフムード・エフェンディ〔彼に神の慈悲あれ〕の著書『美徳の解説』(3)（*Jāmiʿ al-tadāʾil*）にある、彼の言葉と比較してみよう。

浄められた状態にあるとき、スーフィーのうちある者は、死者を目にすることがある。これに関して、あるデルヴィーシュがこう語っている。「精神道を歩み始めた頃、私はブルサにおりました。私たちの街区には、メヴラーナ・アル＝ファナーリー・モスクで働くムエッズィン（礼拝の呼びかけをする係）の一人が住んでおりました。ある日、彼が亡くなって、それから何日も後のことです。夜明けの礼拝の後でした。シェイフに会いに行く道すがら、私はそのムエッズィンに会いました。私の知らない人々と一緒でした。雪も降っておりましたし、私は彼に挨拶をして、そのまま歩き続けました。後でシェイフにこの話をしたところ、「それはおまえがここ数日間、自己鍛錬の行に励んでいるからであろう」と言われました。その時期の私は、何もつけずにただ乾いたパンのみを口にしておりました。それからシェイフはこうも言いました。「わしも一度、死者に会ったことがある。あれはブルサの魚市場の、一本先の通りであった」

精神の道を歩み始める最初の段階において、シェイフたちは、気まぐれな魂という若い雄牛を、物質界にいながらにして精神界をその目に捉えられるようになるほどに、厳しい規律をもって調教する。前述の聖者が、自らの著書の中で述べている。

彼らの友人たちの誰かが、あるいは愛されし者が亡くなると、しばらく後になってから庵の戸口でその人に出迎えられたり、挨拶をされたりすることがある。ある聖者の住まいを訪れた者が、驚きながらこう言った。「すぐそこで、亡くなったはずのアブー・誰某に会いました！　たった今、先生の部屋から出て来て、そのままどこかへ行ってしまいましたよ！」。返答はこうである。「わが息子よ、おまえは自らをよく律し、自らの魂にうち勝った。そしてこれがその境地じゃよ。わしも時折、自分で市場に出かけたりしておるが、生者より死者の方を多く見かけることもある」

この件についての事実とは、以下の通りである。後代の語り手たちは、無知ゆえかはたまた故意の虚偽か、精神的な洞察を客観的な事実として語ったのである。それを、本当の話を知らない一般の大衆が真実に違いないと考えた。疑問視されている物語の数々の、これが誤りの原点である。嘘つきの詐称者たちの中には、精神的な逢瀬《おうせ》を果たしたと主張したり、それを客観的な事実として語ったりする者がいるが、しばしば彼らはその虚偽のせいで、破滅を迎えたりもするものである。

しかしイブン・ハジャル・アスカラーニーは、預言者の教友たちについての著作(4)の中で、ヒドルの肉体的な生命について言及していなかったか？　そう言う者もあるかもしれない。

イブン・ハジャルはエジプトの裁判官で、伝承の口述者であり、大いなる影響力を持つ著名な人物であった。彼はシャフィーイー法学の書や多くの詩を執筆した。彼は八五二（一四四八）年にこの世を去った。彼の主立った才能とは伝承の口述にある。彼はこれを扱った五十巻にものぼる大著を書いた。伝承主義者の仕事とは、伝聞や口伝の中に伝承を見出し、これを記録することにある。

徳高きこの人物は、この学問の諸原則を駆使して伝承の真実性を評価した。しかし精神的な洞察《どうさつ》とは、観念的な思考の問題である。これは大いに異質な領域であって、伝承とはまったく接点を持たない。仮定と確信が交錯するイブン・ハジャルの著作を盾に反論するのは愚かなことであり、それでは反対者を説得できない。この主題については故イブン・ジャウズィ(5)が一冊の書として上梓《じょうし》しており、またイブン・ハイダルがその書評を書いている。それらの書物から、私が敢えてここに引用する必要もないだろう。何が書いてあるのか、賢い者なら読まずとも分かる。

注

（1）トルコの民間伝承において旅人の守護者とされるヒドルは、通常、クルアーンに記述のある、モーセが出会った神の不思議な「ひとりのしもべ」と同一視されている（一八章六五―八二節）。預言者エリヤ、聖ジョージ（ゲオルギウス）と同一視されている点については、F. W. Hasluck, *Christianity and Islam under the Sultans* (Oxford, 1929), pp. 319–336 を参照。彼はアレクサンダー大王の宰相であり、不老不死の泉を発見したともいわれている。

（2）ムスリムは、処女懐妊は信じつつもイエスの神性については認めていない。クルアーンはキリストの磔刑を否定している（四章一五七節）。「だが彼らが彼（イエス）を殺したのでもなく、また彼を十字架にかけたのでもない。ただ、彼らにはそう見えたまでである」。彼は前もって自らを昇天させていた。ここでの議論はムスリムが、唯一、死を免れ得た人物とみなすのはイエスであり、ヒドルの不死性についてはクルアーンの明確な裏付けがどこにもない限り、イエスのそれと同様の制約が課されねばならないということである。彼が地上を歩きまわり、人間と会話を交わすというのは問題外である。

（3）『美徳の解説』（*Jāmi' al-fadā'il wa-qāmi' al-radhā'il*）とは、マフムード・エフェンディ・アル＝ウスキュダリ（一〇三八／一六二八―九年没）による道徳、自己鍛錬、神秘主義に関する書。

（4）*al-Isāba fī tamyīz al-sahāba*、シハーブッディーン・アフマド・イブン・アリー・イブン・ハジャル著。

（5）'Ujālat al-muntazir fī sharh hāl al-Khidr、アブゥル＝ファラージュ・アブドゥッラフマーン・イブン・アリー著。イブン・ジャウズィの名で知られ（一二〇〇年没）、ほぼあらゆる学問に関する書を執筆した。ヒドルの不死が偽であることはクルアーンの章句「われはあなた以前の誰に対しても、……永久に生きる者としたことはない（二一章三四節）」によって証明されている、というのがこの書の主たる議論となっている。

第二章　歌唱について

音楽の科学規範に従うならば歌唱とは、旋律《せんりつ》にあわせて歌うことを意味する。声が魂と身体に確実に影響を及ぼすことについては誰もが認めるところであり、これを否定することはできない。声の調子が外れていれば、それが生じさせる影響は嫌悪の一種である。声の調和がとれており、調子も合っていれば、それは好感と受容を生じさせる。魂と精神が影響を受けている時は、身体もまた影響を受けている。身体の持ち主がこれを理解し、その効果について承知しているのでない限り、身体の気が動揺して何らかの処置を求めてくる。

調和音に関する議論は三つの部分に分かたれている。すなわち鳥の喉から発せられる音、人間の喉から発せられる音、そして楽器を打つなり、吹くなりして作り出される音楽団のそれである。

他の宗教や信仰を持つ人々は、これら全てを用いている。イスラームにおいては、聖法の伝道者たちは、鳥の奏でる旋律を聞くことについては完全に許されたものとして分類している。また特定の状況と条件を前提に、人間の喉から生じる旋律についても許可している。しかしながら彼らが言うには、吹いたり打ったりする楽器の音色を聞くことについては決して許されていないとのこと。その影響については、ルーム（アナトリア）の著名な識者であり偉大な学者であるクナルザーデ・アリー・エフェンディ(1)の著書『大いなる倫理』に、音楽を主題とする詳細な解説と共に記されている。真実を探求するわがムスリム同胞《どうほう》であればこの書を宝とし、宗教における重要事項と義務を知り、それに応じて行動するべく、あたかも聖典を読むかのごとく、あるいは神の美名を唱えて祈願するかのごとく、必ずやこれを読了しわがものとした状態であるべきである。何故ならこれは哲学と聖法に和解をもたらす祝福の書であり、しかも著者はその時代を代表する最も秀でた者の一人である。

さて、人間の喉から発せられる音律や旋律に関しては、現代の宗教指導者たちの見解は多種多様である。もしも歌詞や歌曲の主題が葡萄酒、情人《じょうじん》、淫行、放蕩《ほうとう》であるなら、それらを聞くことは絶対に許されない。もしも歌曲が神の想起や神の預言者の賛美、警告、勧告であるなら、大多数はそれらを許されるものとしている。この議題をめぐっては、一部の法学者たちも無駄に言葉数の多い饒舌《じょうぜつ》に耽《ふけ》っているが、結論からいえばどれもこれも、敬虔《けいけん》ぶった寒々しさしか残らぬしろものばかりである。

これらはすべて、栄光のクルアーンの朗読とは全く別である。クルアーンの場合、歌唱は制限される。文言は明確に発音せねばならず、語間の連携を損ねてはならない、といった制約に縛られている。音階にかかる諸規則を遵守《じゅんしゅ》した結果、クルアーンを朗読しているつもりが実際には歌唱になってしまった、などということが断じてあってはならない。これは特殊な部類の歌唱であって、音楽理論の法則に従うものではない。ある種の歌唱ではあるにせよ、そこは「クルアーンを暗唱するとき、歌わずにおられる者は誰ひとりとしていない」という伝承を踏まえたものとされている。

　時と場合によっては、公衆の利益のために特定の楽器を叩くことは許可されている。たとえば戦闘中の戦士を励ます太鼓や打楽器、結婚式の行列における鈴のついていない片面太鼓などがそれである。

注意。この件についての聖法における禁止令は、堅固な知恵に基づいている。これらの起源は以下の通りである。

　すでに述べた通り、歌曲は確実に身体に影響を及ぼすものであり、魂と精神に感動をもたらし鼓《こ》舞《ぶ》させるという点で偉大な役割を果たす。この理由で賢者たちは、精神が魂に優《まさ》る者は野蛮な我欲《がよく》を克服した者であり、彼の身体という王国は、彼の精神というスルタンによって制圧され、然《しか》るべく陶冶《とうや》されていると述べる。音楽の調べや旋律を聞くことによって、精神は霊的な方面に向かって昂揚《こうよう》し、啓発されて崇拝の念も深まり、始源の精髄の質を会得してそれに近づこうとする。この理由でアリストテレスはオルガンを発明し、ペリパトス主義者や照明学派に講義する間もそれを演奏していたのである。[2]

　しかし精神よりも魂が勝ちまさり、身体が野蛮な我欲に支配されている者の場合は、音楽を聞くことによってある種の野卑な欲望へ引き込まれることがある。事と次第によっては、恋愛の歌詞を聞いた感傷的な男に翼が生えて、わけもわからぬまま情熱と欲望の極《きわ》みに飛び立ってしまうかもしれない。

このように、歌曲には益と害が入り交じっている。少数の愛されし者には有益だが、常人には精神的な害悪が顕著である。それゆえ聖法の原則においては、同じ一文の中で危険と許容の両方が語られてはいるものの、規定としてはこれ（音楽）に固有の危険性に対し、より重きを置いているのである。従って（音楽は）少数に生じうる利益とは関わりなく、大多数を害悪から保護するという賞賛に値する目的のために禁じられてきたのである。

そのようなわけで、大多数の義務とは聖法の命ずるところへの服従である。しかしながら、幾人かの偉大なシェイフたちは徳高き哲学者たちに倣い、音楽を危険性の無いものとみなす先例を採用している。精神によって魂を制御し得ている志願者たちには、これ（音楽）が効果的に訴えるものとの考えから、ある者は笛を、またある者は太鼓を、またある者は二連の太鼓を持たされる。彼らほぼ全員が音楽を聞いているが、法の文言に沿うべく、サマーゥ（傾聴）の名の下で行なっている。これを行なうにあたり、彼らは医者の処方箋を例にあげる。医学的な治療においては、毒薬も使用の範疇《はんちゅう》にあるではないか。

大部分のスーフィーは照明学派の哲学に依拠しており、彼らの実践もそれに由来している。しかしいつの時代においても伝統主義者たちは、彼らに批判の石を投げ、彼らに干渉を加え、攻撃することまったく首尾一貫している。しかし彼ら（スーフィー）も彼らでくじけない。自分たちの役割を存分に演じ、歌っている。「汝ら、笛の言葉を解さぬ者よ」「おお汝ら、リュートの言葉を知らぬ者よ」「おお愛よ、おお愛よ。愛の他には何も要らぬ」。これが彼らの返答である。

昔からことわざにもある通り、意見なら誰でも持っている。両派のどちらも、常に言葉や行為を用いて一定の正当化をはかってはいるが、しかし論争は一向に解決しない。知性ある人ならば、これほどの長きに渡る論争に決着がつくのを期待するほど愚かではないはずだ。

注

（1）クナルザーデ・アラーウッディーン・アリー、一五七五年没。

（2）この珍説は、明らかにアリストテレス『オルガノン』の題名に対する誤解が因となっている。しかしムスリム世界では、この書は長きにわたりこの呼称で知られていた。ここではイシュラーキー（ishraqi）、照明学派を、「新プラトン主義」と訳出している。本書「はじめに」の「一　著者と作品について」参照。

第三章　舞踏と旋回について

「踊る」とは、辞書的な意味でいうならばそれは周期的な動作のことである。激しいリズムと楽器の旋律《せんりつ》を耳にすれば魂の多くは影響を受けるが、同時にリズムに合わせた周期的な動作の、目にする人に対する影響もこれはこれで相当のものである。実際、影響には多種多様な様相がある。聞くことを通じて影響を受ける者もいれば、またある者は見ることによって影響を受ける。しかしこれの場合、影響を与えるにはリズムが必要不可欠である。リズム無き非周期的な動作からは、このような効果は生じない。

踊りがもたらす効果については多くの意見がある。踊りを見ることでもたらされる結果についての解析は、歌うことに関する様々な意見と類似している。

さて、ここである特定のスーフィーたちが、彼ら流の祈禱《きとう》として行なう動作について見てゆこう。正統派ウラマーはそうした旋回を「踊り」と位置づけ、それは禁じられていると発言する。また、それは許されるとする者たちには異端者の烙印《らくいん》を押す。スーフィーたちの言い分は、そもそもこれは踊りと定義されるものではない、というところから始まる。続けて、彼らは以下のように言う。「旋回の動作は踊りとは区別されるものであり、かつ人間の楽しみのためにあるものではない。これが許されたところで、公益の観点からしても何ら害はない」。彼らはエチオピア人の踊りとアリーの旋回を例に挙げる。その上で、「教義に関わる議論においてどちらか一方の意見を取る者が、異端宣告を受ける道理はない」。

ウラマーによる禁止令の本当の目的は、国家を保護することにある。何故なら国家は過去においても、スーフィーたちに大いに悩まされてきたからである。特にペルシャにおけるサファヴィー朝の勃興《ぼっこう》(1)などは良い例である。従って弟子の数を増やし、支持者を引きつけるような精神的熱情は滅ぼされねばならない。過酷かつ熾烈《しれつ》に取り締まることこそが、国家の観点からすれば結果として得策なのである。

それを行なうことで得られる益とは何かと問われれば、スーフィーの返答は以下の通りである。儀式において道の達人がこの動作を行なうと、必然的に熱が生じる。すると身体から冷えが去る。熱によって、身体のあらゆる部位の生気のめぐりが良くなる。気力も体力も活気づけられるし、中にはその魂が作動を開始し、何をするにも集中力の程度が高まる者もある。祈禱や音楽を聞くこともまた、これを進行させる一助となる。結果として、霊的な世界に向かう熱意が増して動きも活発になる。それから多くの達人は忘我《ぼうが》の状態に達し、現世に対する意識を失う。身体は地上に残るが、魂は翼を得て同種の者の方へと向かうのである。この状態を体得した者が言うには、それは「味わった者のみが知る」。それは体得していない者よりも、より素早い動きとして表現される。このようなわけで志願者たちは、前進すればたちまちにしてその目的を果たす。身体を動かすことにより、精神や能力が動き始めることを、どうして否定できようか？　若い学生たちは、暗唱する際には本能的に身体を左右に揺らす。頭を動かすことにより、脳に特定の暖と均衡が生じて熟考の力も増すのである。これはいくつかの哲学書にも記された事実である。

スーフィーが何を言っているのかはさておき、スーフィーが何であるのか、何をやっているのかの答えは以下の通りである。ハルヴェティー教団[2]。彼らの大部分は、その儀式と服従を志願者たちの共同体の基礎としている。修道場を建立してフーイとかハイイ！　とか、彼らの怒号《どごう》に欠くべからざる要素といえばそれであるが、それが彼らの社会の方便であり、彼らの生計の軸であり、志願者たちを支えるつっかい棒である。その昔、彼らの創始者たちがしっかりとした目的に沿って規定し、なおかつそれに値する者ならば誰でも自由に実践するべしとしたはずの規範の音楽、規範の諸動作は、今や彼らの偽善によって詐欺の罠の餌となり、いかがわしい馬鹿ものを捕える投げ縄となった。そういうわけで、愚鈍な俗物たちが彼らに群がる。修道場には奉納が献上され、信仰心あつい贈り物が降り注ぐ。こうした一連の流れにおいて、旋回は重要な役割を果たしている。彼らは決して旋回を手放さないだろう。馬鹿ものの一部は観客となる。また一部は弟子入りするか、自己流の禁欲者を名乗り始める。理屈も何もあったものではない。彼らは嘘でもいいから空に向かって声を張り上げて自分たちのシェイフを絶賛し、それから晩の糧のために舞台の幕を開ける。顔を付き合わせて一緒にフーイとかハイイ！　とか、彼らが「意識を神で満たし、主の唯一性を宣言する」と呼ぶところの、詐欺の道具をかつぎ出す。

このような連中が、ほんものの弟子や真の達人と誤認されている。「天幕は、外側からはどれも似たりよったりに見える」と、ことわざに言われる通りである。今の彼らと、遠い昔の彼らの先駆者たちとの（唯一の）共通点である衣裳と外見が、「友人を見れば、どのような人物であるかだいたいの見当はつく」という一般論とも相まって、彼らに対する承認の裁決を下すよう迫ってくる。そのため誰ひとりとして、長い時間を経て今や彼らの社会の方便、彼らの生計の軸、志願者たちを支えるつっかい棒と成り果てたあの怒号の罠を、敢えて破壊しようとはしない。彼らの邪魔立てをする者といえば正統派のウラマーのみであり、そしてそれがウラマーの義務なのである。かくして彼らを難《なん》じる沢山の冊子が書かれた。デルヴィーシュたちは全く悪びれもせずにこう返答する。

「私たちは修道場の経営と弟子の友人たちから得た収入で生計を立てています。教団の儀式や実践などを、無から生み出せるわけがないでしょう？　儀式も典礼も、長きに渡って絶やすことなく実践し続けてきたからこそ、こうして私たちの間で確立させることができているのです。たとえ『逸脱』と言われようが、私たちはやり続けますよ」

このように彼らは、自分たちの生計の手段の馬鹿馬鹿しさを隠そうともしない。敵対的な批判では、彼らにそれを止めさせることはできない。彼らが絶えずぐるぐる旋回するのと全く同じで、狂信的な正統派たちも、絶えず彼らのあら捜しをし続ける。二つの派閥の勢力争いは、どちらをも悪循環のうずに引きずり込んだ。議論の連鎖は決して途切れることはない。それどころかますます長くなってゆく。分別ある人ならば、あら捜し病の患者にはならないだろうし、かといって、技巧を弄《ろう》して演出されたにせものを信奉したりもしないだろう。おそらくは以下の詩人の言葉を読み、真の達人ではないが達人のふりをしているだけの人々について、しばし思いをめぐらせるだろう。

宝石を散りばめた外套《がいとう》はスーフィーの衣裳ではない
哀れな者にはつぎはぎだらけの古いぼろと溜め息
玉座につく王を妬《ねた》んでいる彼らのシェイフが
説教壇の椅子の上でさも威厳ありげに座っている
彼らは威厳を教条とする者たちなのか？
どこをどう探しても威厳も謙遜も見当たらないが
期待の扉が開けば彼らは喜び
これで望みが叶ったと叫ぶ
彼らは燃え上がっているふりをする
しかし火の粉の輝きは持たない
彼らのような過ちを犯す者が一人もいなくなりますように

取るに足らない自らの価値を幾らかでも高めようと
彼らは価値高い人に中傷を浴びせる
それらしく見せるためなら衣裳にも帽子にも
わざと手を加えてぼろにしてのける
たとえその行ないが千の害を他人に及ぼそうが
自分の益になるなら彼らはやってのける
歌い踊るために彼らは集まる
それを合法だと思う者もいるが
ムスリムは皆それは誤りだと知っている
頭に巻いた大仰な白い布を取り払ってみれば
あらわになるのは白癬《はくせん》じみたはげ頭
偽善のスーフィーが神名を叫んだところで
蛙の鳴き声の方がまだ真実味があるというもの
兄弟よ、やめてくれ話の途中でさえ切るのは
ただでさえ多くの詩に詠まれてきたこの議論が
ますます長くなってしまうじゃないか

注

（1）一五〇二年から一七二二年までペルシャを支配したサファヴィー朝は、その開祖シャー・イスマーイールがアリーの子孫であり、シーア派からは聖者として崇敬を集めていたことも勢力を拡大する一助となった。

（2）ハルヴェティー教団は十三世紀初頭、アブー・アブドゥッラー・スィラージュッディーン・ウマル・イブン・アクマルッディーン・アル＝アージュによって創立された。

第四章　預言者と教友の祝福祈願について

　何のことかというと、「全能のアッラーが彼を祝福し、平安を与えたまいますように」とか「彼の上に神の祝福と平安あれ」とか「ムハンマドに祝福あれ」といった、栄誉ある預言者たちについて言及があった際に発せられる表現や、預言者の栄誉ある教友に対する言及があったときに発せられる「神の御満悦《ごまんえつ》がありますように」といった表現の使用についてである。これは信仰のイマームたちの中でも特に選ばれた者[1]——神よ、彼ら全員をご承認あれ——に帰《き》するとされている言葉「一生涯に一度は、『預言者に祝福あれ』と口に出して言うことは宗教的義務である」が受け継がれてきたものである。その他に従えば、これは単なる宗教規範的な賛美に過ぎない。しかし一部の人々は、預言者への言及があるたびにこの定式に従うことが伝統からしても必須の義務である、と言う。この点について、全員の合意は確実に存在しない。

　さて、フトバ（説教）の最中にムエッズィンたちが一斉に叫ぶ「アッラーよ、彼を祝福したまえ」「アッラーよ、彼にご満悦あれ」が、やかましく取り沙汰されている件についてである。フトバの間は沈黙するのが義務であることは、「イマームのフトバの最中に、隣の者に『静かに！』と何度も言うおまえも間違っている」という金言《きんげん》からも明白である。祝福祈願の義務的性質については若干の論争があるのに対して、フトバの間は沈黙するのが好ましいことについては一般的な合意が確立している。

しかし慣例として好まれているやり方というのが、たとえある特定の見解への単純な好みに基づくものであるかもしれず、またそれが誤りであり罪深いことであったとしても、特定の習慣に慣れ親しんで育ち、それを義務と見なすよう習った人間が、それを捨てることはない。多数の人々の間において普通とされていることや慣習となっていることのほとんどは、選択を経た上でそうなっているのであり、これには老いも若きも関係がない。従って、彼らの好きにさせればよろしい。たとえ「逸脱」であり「罪」であるとしても、それを止めさせようなどという自惚《うぬぼ》れた思いつきで苦労を背負い込んだところで、結果としてその人自身の愚かさと無知があらわになるだけである。古くから言われている通り、「自分と時代を共にする人々のやり方や慣習を知らない者はたとえ学者であろうと無知にすぎない」。

そのような行ないに深くのめり込んで人々を思いとどまらせようとすれば、舌による会話と議論は剣と槍による戦いと争いを引き起こし、結果として狂信的な戦争に至るというのは我々の父祖が目撃してきた通りである。批判をすんなり受け入れることは、たとえそれがどれほど常識的で正当性があったとしても、人間の性質とは相容《あいい》れない。反対されればされるほどますます熱心になる。もしも何かしらの反論がなされるのであれば、それは確実に「しかし、彼にむかってものやわらかに話せ。ことによれば反省するか、あるいは畏れかしこむかもしれない（クルアーン二〇章四四節）」という章句に示されている通りのやり方でなければならない。親切心と優しさが、論争にいくらかでも実りの多い結末をもたらすかもしれない。加えて、こうした崇拝に関わる問題においては、微細な分析だの揚げ足取りだのは場違いにあたる。人々にあるべき姿を説くならば、神への奉仕にふさわしい誠実な方法で行なうこと。これが統治者や伝道者としての、ものごとにあたる際のあるべき姿である。また誰であれ、このような些細《ささい》な誤りにいちいち目くじらを立ててはならず、何故ならそれが自分自身のためだからである。

いったい人間の崇拝は、そうとあるべき態をなしているだろうか？　書物を通じて命じられている通りにできているだろうか？　ガザーリーのような偉人でさえ、自らの不十分さを謙虚に認めている。「われわれの人生すべてをもってしても、全能の主にふさわしい礼拝の二ラカートさえ出来ていない」「おお、比類なき主よ。われわれには、あなたに適う崇拝が出来ていません」とまで言っているのである。

「創造の主は、ご自分の造りたもう者たちのために言い訳を見つけてくれる神である。主は全額を、それも正確にではなく多めに支払ってくださる」。主の親切とお優しさは、主の慈悲の海と同じく広大である。それには終わりがなく、また主の慈悲をさえぎるいかなる境界線も存在しない。さしあたって主のしもべたる者の責務とは、以下のような言葉をもって述べられている通り、自らの弱さと欠陥を悔悟《かいご》し、主のいと高き命令に従うことである。

王よ！　あなたの玉座の足の下に、私は避難を求めます。
あなたの荘厳なる聖域に、私は恥じ入るばかりです。
私は四つのものを持って来ましたが、
あなたの恩恵の宝庫には、そぐわぬものばかりです、
貧窮《ひんきゅう》、欲望、無力、そして罪。

罪を悔悟する哀れな者の方が、これまでも神に従ってきた者よりも良いとも言われる。他の者たちはそうではないにせよ、一部の説教師が、自分たちの説教の合間に預言者を祝福するよう聴衆に押しつけるという事実について。これは論じるにほとんど値しない単なる習慣の問題である。それは意見の相違から生じるものであり、これが当世の学者たちの風潮なのである。彼らは相違から多くの利益を引き出しているが、詳細は後述する。(2)

注

（1）　オスマン帝国のテュルクたちが、自らが従う法学の祖として選んだのはアブー・ハニーファである。本

書「はじめに」の「二　イスラーム的背景について」を参照。
（2）論争から得られる利益については、「第二十一章」を参照。

第五章　たばこ

私は以前、今や全人類の習慣となった喫煙に関する随筆の草案を書いたことがある。しかしその清書を作成することはしなかった。以下はその時の随筆の趣旨をおおまかに記したものである。問題に分け入る前に、この習慣が現れた原因とは何であったのか？　まずは教科書的な説明から始めよう。

まず事実から。ヒジュラ暦九世紀後半〔十六世紀後半〕のできごとである。何隻かのスペイン船が新世界を発見した後に、ポルトガル人やイギリス人たちは東から大西洋への航路を探して湾岸を探検して回っていた。彼らは、地理書によれば「ギネヤ」と呼ばれる、大陸に近い島にやって来た。元々の体質と海風の影響でリンパ性の不調にやられていた船医者は、症状とは正反対の物質を処方するという治療法に基づいて、熱性の乾燥した物質を摂取して治すことに決めた。船が島に到着したとき、彼は何かの葉の一種が燃えているのに気づいた。匂いを嗅ぐと、それは熱性の香りを持っていた。そこで彼はパイプに似た道具を使ってそれを吸い込んだ。それは彼には効き目があった。そこで彼はその葉を大量に採取して、滞在中は終始これを使用していた。それを見た船乗りたちも、これは有益な薬なのだろうと考え、医者の例に従い自分たちでも葉を大量に船に持ち込んだ。お互いに見よう見まねで始めるうちに全員が煙を吸うようになった。船がイギリスに到着すると、この習慣はフランスやその他の土地にまで広まった。人々はこれを試したが、その起源も知らなかったし、またそれが深刻な治療という目的のために吸引されたことなど考えも及ばなかった。多くの人々が中毒者になり、それは興奮剤の一種として分類されるようになった。東においても西においても共通のものとなり、これを抑制し得た者は誰ひとりとしていなかった。

　これがはじめてトルコにもたらされたのは、およそ一〇一〇年（一六〇一年）頃のことである。それから現在に至るまで、様々な説教師たちがめいめいこれに反対の説を唱え、また多くのウラマーがこれを憂《うれ》いて冊子をしたためた。ある者はこれは禁じられていると主張し、またある者はこれを許容されていないと主張した。対する中毒者たちは、これは許可されているという趣旨の返答をし続けた。それから少しばかり時を経て、著名な外科医であるイブラヒム・エフェンディがこの問題に並々ならぬ関心と注意を払い、イスタンボル[1]（コンスタンティノープル）のスルタンの宮廷で大御前会議を開催した。スルタン・メフメト・モスクでは異例の市民集会を参集し、警告のための講演を行ない、壁にはファトワーの写しを何枚も貼りつけた。彼の努力は全くの無駄に終わった。彼が話せば話すほど、人々は喫煙に執着した。努力が何の実も結ばないのを見て、彼はすっかりあきらめてしまった。その後、故スルタン・ムラド四世が在位の終わり間際になって、「邪悪な行為の門を閉ざすため」との理由でコーヒー・ハウスの営業を禁じたが、それと同時に、ある不審火の発生原因となったという理由で喫煙も禁じられることになった。(2) 人々を阻止できないことに、帝国は激怒していたのである。帝国の禁令に反逆する喫煙者たちに、懲罰を加える必要があった。陛下の弾圧が厳しさを増せば、比例して人々の喫煙欲も増した。「人は禁じられたものを欲する」と言われている通りである。何千もの人々が、空っぽの小部屋送りとなった。

スルタンがバグダード遠征に出ていた時のこと、ある野営地において、十五から二十名の陸軍将校たちが喫煙の咎《とが》めを受けて逮捕された。彼らは、帝国の定める中でも最も厳しい拷問によって処刑された。兵士たちのうちある者は袖に、またある者はポケットにパイプを隠し、拷問を受けている間でさえ隙あらば喫煙の機会をうかがっていた。イスタンブルでは、持ち場を離れ兵舎に戻っては便所に隠れて喫煙する兵士の枚挙《まいきょ》に暇《いとま》がなかった。これほどまでに厳格な禁止令が敷かれていた間でさえ、喫煙者の数は非喫煙者を上回っていたのである。

そのスルタンが逝去《せいきょ》した後、この習慣はある時は禁じられたりまたある時は許されたりしていたが、シェイヒュル・イスラームを務めた故バハーイー・エフェンディが（喫煙は）許されている、と決定づけるファトワーを発令すると、この習慣は新たな人気を博《はく》して世の人々の間に広まった。時折、君主が発する喫煙者に対する非難は、ほとんどの場合において無視された。かくして喫煙は、今や地上において人類が居住可能なあらゆる地域で実践されている。以上が、たばこにまつわる有為転変である。さて、本件について考えられるいくつかの事柄について簡単に述べてゆこう。

（1）第一の可能性として、効果的な対策さえあれば人類は禁煙できるかもしれない、という見方がある。この可能性は却下されねばならない。なぜなら習慣とは第二の天性である。中毒者を阻止することはできない。彼らに対しなされるべきは、何らかの提案である。もしも彼らが「で、禁煙の目的とは何なのか?」などと言おうものならどうするべきか。――「統治者たるもの、大衆の背中を杖で打つのを惜しんではならない」。これが偉人たちの推奨するところである。結論から言えば、公的に禁じて厳しく罰するのが統治者の義務である。それが彼らの果たすべき役割である。一方で大衆たる人々の義務とは、このようなものの中毒者であるなら、通りのど真ん中でこれを使用し、公然と善良な命令に違反するようなふるまいは慎むべきである。しかし自宅では、誰もが自分の好きなようにすればよろしい。その上で、統治者が介入しようとするならそれはやり過ぎというものであって、彼らも必要以上のことはすべきではない。「他人の自宅を検閲《けんえつ》して、それがいったい何になる?」

（2）このたばこなるもの、その良し悪しを知性によって証明できるだろうか?　中毒者たちがこれを良いものと考えているという事実は脇に置いて、常識的には、これは悪いものと判断される。長所と短所の判断基準とは、知性または聖法のいずれかであろう。どちらの基準においても、これ

（たばこ）は悪い。聖法において不承認とすべき根拠はじゅうぶんに示されており、知性によって承認するには必要な条件が不足している。とは言え、不足している条件が若干なりとも満たされれば、良いものとされるようになるかもしれない。たとえば、医薬として使用される場合などがそれである。法廷、会合、モスクやその他の崇拝の場においては、法の判断者たちは喫煙をしない。この事実それ自体が、知性の基準に照らしてこれが悪である、と判断されたがゆえの結果である。

（3）効果の良し悪しについて。これがもたらす有害な影響には疑う余地がない。有害な影響について考慮しないうかつな者を、最終的には常習的な中毒者にしてしまう。有害な身体的影響があることも判明している。大気の本質を汚染するという点において、たばこは医学的にも有害である。これの使用に慣れ親しみ、その習慣を第二の天性とした者も、やがてはその有害な影響を寄せつけまいとし始める。中毒物質への渇望と、いまや天性となった習慣をもって喫煙に向かう際に、その防禦的な特徴が観察できる。心臓に影響を及ぼさないよう、濁った煙の混じった空気を上部に向かって吹き上げる、などがそれである。ある種の病人が有害な食べものをしきりと欲しがり、与えてみるとさほど害されることもなく、一時的には回復すらすることがある。渇望や欲望は、病気を克服する力を与えるのである。こうしたものが身体に及ぼす影響は、天性の気質や嫌忌にもよる。ある非喫煙者がいるとする。たばこは有害であると断言し、嫌悪感しかわいてこない。こうした者にとり、たばこの煙を吸い込むことの害はより甚大であり、その影響は計り知れない。

大気の本質にもたらす悪影響は別として、喫煙者は二つの種類のいずれかに属している。つまり湿潤《しつじゅん》の気質、あるいは乾燥の気質のいずれかである。どちらの場合においても、気質的に健康な場合と不健康な場合とがある。湿潤の気質を持つ健康な者であれば、喫煙は彼にとって適切かつ見合っている。もちろん、彼に限らずほとんど全ての人が、若干の乾燥を必要とするのも事実ではある。体調が悪く、その原因が湿潤過多であるなら、喫煙は治療として効果があるだろう。しかしながらこれは、乾燥の気質の者にとっては賢い選択とはいえない。喫煙が体内の乾燥を増やし、肺の湿潤が絶えず奪われてしまうからである。喫煙は壊血病《かいけつびょう》に有効であると主張する人々がいるが、これには全く根拠がない。これは無駄な与太話に過ぎず、医療に関する学問集団とは何の接点も持たない。

（4）喫煙は「逸脱」だろうか？　聖法の視点からすれば逸脱と認めうるかもしれない。これが出現したのは最近のことであるし、またこれは「良い逸脱」に分類可能なものでもない。知性に照らせば、確実に「逸脱」である。なぜならアダムの時代以来、これが知性によって見聞されてきた話は皆無だからである。はじめてこれが出現したのは、ウマル（神の御満悦あれ）が統治する黄金時代のことであり、またこれのために何千もの人が殺された、という物語がある。が、これは狂信者たちによる根拠なき作り話に過ぎない。

（5）喫煙は忌避《きひ》されるべきか？　理性によっても法によっても、これ（たばこ）を正当化する言葉はただのひとつも存在しない。この見解こそは、大多数の人々の認めるところである。何かが不快とされる段階に到達するには、それの過剰な使用が大前提となる。本来、たばこの煙の香りや葉の香りは不快なものではない。たばこを燃やした煙には、吸入治療としての使用法もある点をここで指摘したとしても、おそらく無関係にはあたらないだろう。しかし非喫煙者の鼻孔にとり口臭とは、沈香《じんこう》か竜涎香《りゅうぜんこう》であってしかるべきだが、対する重度の喫煙者の口腔《こうこう》からは、邪悪な臭気が立ちのぼる。

要するに、生タマネギやニンニクやニラといった、口腔内の不快な悪臭を必然的に生じさせるものの食用が忌避されるのとまったく同様で、重度の喫煙は口臭、体臭、衣類の悪臭を発生させるがゆえに承認を得られないのである。理由としては、どちらの場合も不快であることに議論の余地はない。たとえば月経時の性行為もこれとまったく同様で、まさしくそれが不衛生で不快な性質を持つがゆえに禁止されたのであり、やがてそれが男色《だんしょく》に対する類似《るいじ》の禁止をも生じさせるに至っているのである。上述のような食べ物や、たばこの使用に対する一般の承認が得られないのもそれと同様である。

結論としては、忌避を推奨する、というところに落ち着かざるを得ない。匂いゆえに承認されないという事実を中毒者が認めない、という事実はこの際重要ではないので考慮するにはあたらない。他人の口臭を承認するかしないかは、各個人の自由に委ねられる。

ここでの目的のすべては諸事実の論証にある。中毒者に対する干渉は当然にある。干渉を避けようとしたところで現実的な公算は皆無であるし、また干渉したところで、それが馬耳東風《ばじとうふう》の範疇《はんちゅう》であることも一般に合意されている。

（6）これは宗教規範的に禁じられるか？　法学の指南書には、聖法上の決定的な判決が存在しない問題については、それがいかなるものであろうと法学者が自由裁量を行使するように、と記されている。あらゆる関連する状況を、ひとつの見解に照らし合わせて集約し、考慮した上で自らの推論を導き出すという方法も、それはそれでありうるだろう。それでもなお、以下の方法論に従うことが望ましい。すなわちいかなる場合も禁止は宣言せず、むしろ常に許容を宣言することである。そうしてそのためには、あらゆる法的根拠を総動員し、ものごとの正当化をはかるべきである。そうすることで、人々に罪を負わせたり、人々が禁止されたものに執着したりするのを防ぐべきである。

（7）これは宗教規範的に可も不可もないのか？　喫煙の隆盛は最近の出来事であり、法学の指南書にも明白な対処法や言及は存在しない。そのためある者は、「許容こそが標準であり基本である」の原則に従い、明白な禁止令が不在のものごとは許されている、すなわち喫煙は許されており合法である、と述べる。

過去の偉大な法学者たちは許容されていないと述べたし、また地方のムフティーたちによっては、これは禁止されていると述べたりもしている。最近では、故バハーイー・エフェンディがこれを合法であると発言したが、それは彼自身の中毒とは関わりがない。人々にとって何が最適な状態であるかを考慮し、また「許容こそが標準であり基本である」という原則を固持すべしとの信念を貫いたがゆえである。四大法学の祖のうち、誰か一人の伝統に基礎を求めるのがファトワー発令の規則ではあるが、このような伝統不在のものごとについては、それ以前の原則そのものに立ち戻ることが不可欠である。

喫煙の隆盛は、それに付随するあらゆる状況を含めたとしても、それでもいずれも許容の範疇に入れるに値するものではない。にも関わらず、喫煙にまつわるあらゆる好ましからざる諸性質を度外視して、禁止や不承認の発言に対する異議が巻き起こる。ではこの異議が意味するところとは何であろうか。人間とは、破滅的な結果も含めて禁じられたものの使用に執着する生きものなのだ、それが人間なのだということである。だがしかしそれ以上に、それを合法と定めることは公益に適っている。それは中毒者に対する恩情であり、人民を罪から守る行為である。こうした理由で、喫煙の許容を宣言することが採択されたのである。大部分のムスリムが喫煙中毒者であり、この習慣とほぼ分かち難く結びついており、それを阻むものもなければ捨て去ることもないだろう状況にある。そしてそれが全世界的な傾向なのである。この種の問題においては裁判官もムフティーも、人々が罪に追いやられることのないよう、聖法のあるがままに自らの判断と裁決を導き出さねばならない。「現代の権威者が禁じたり、不承認としたものを習慣として継続することについては、聖法上では許可の範疇である」というファトワーが発令されているが、これは聖法が明白に禁じたものを習慣として継続することとはわけが違う。後者は災禍でしかないが、前者には害がない。「二つの害悪のうち、より小さい方を選ぶ」という法の原則に基づいて判定を下す法学者は、自らも罪を犯さず、また信仰者をも罪から救うという善行によって、おそらく報奨《ほうしょう》を得るだろう。

今は亡きバハーイー・エフェンディは、健全なる精神と堅固たる感覚の持ち主であった。彼が「カーヌーン（法）に従い」熱心に勉学に励んでいたならば、また麻薬に耽溺《たんでき》することがなかったならば、彼はトルコにおける最も著名な学者の一人になっていたはずである。本当に、彼には推論の才能があった。そしてその天性の才能をもって、あらゆる所でその聡明さを見せつけてくれたものだった。そして議論のまっただ中にある問題においては、彼は人間の置かれた状況をこそ第一に考える温情を持っていた。神よ、彼に温情をお示しあれ。故アブドゥッラヒーム・エフェンディ[3]よりこの方、彼のようなムフティーはいなかった。

注意。こう尋ねる者があるかもしれない。ある一つのものが同時に許可されたり、忌避されたり、あるいは禁止されたりすることがありうるのか？　これは自己矛盾ではないか？　視点や角度を変えることによりこれはありうる、というのが回答である。たとえばバクラヴァを食することは許可されている。だが飽きるほどうんざりしている者には、有害であるため禁止される。

今後、ムスリムの統治者が行なうべき最も必要かつ有用な対策は以下の通りである。すなわち、たばこの葉の取り扱いに関しては、帝国全域のあらゆる領土に排他的特権を設けて管理人を任命する。たばこ一オッカ〔一オッカ＝約一・三キロ〕につき二十ピアストルの財務省への定額寄付を課す。あらゆる都市に一ヵ所、たばこの指定販売所を設置し、それ以外の一般の市場では売買を禁じる。これで年間一億アクチェ銀貨が国庫に入る。

今は亡きガーズィー（戦士王）、スルタン・ムラト四世が施行した苛烈《かれつ》な禁令下においては、敢えてパイプを用いて喫煙することはせず、葉を砕いて鼻から吸引することでたばこへの渇望を斥《しりぞ》けた人々があった。しかしその後になって、彼らはこうした愚行を捨てた。怖れることなく喫煙できるようになったためである。次に、神を畏れる人々の存在がある。彼らは信仰あつく、自らは手を出さないが、喫煙者に干渉もしない立派な人々である。そしてその次に、自分には合わないということが分かったため、喫煙をやめた者たちがいる。たとえば現在の筆者がこれである。愚か者が干渉することはあり得る。たとえば以下の通りである。

「そうやって、剛胆ぶって煙草を吸う愚をまき散らすがいい、心に太陽の昇らぬのを、煙草の熱で補うがいい」

中毒者は答える。

「煙草のもたらす喜びも風味も、砂糖や蜂蜜では購《あがな》えぬ」

それから全く臆《おく》さずに、ぷかぷかとたばこをくゆらし続ける。最良の道とは、誰に対してもこのような干渉をしないことである。そしてそれこそが全てである。

注

（1）イスラムボル、イスランボル（Islambol）とはトルコ語で「たっぷりのイスラーム」「十全のイスラーム」というほどの意味であり、オスマンの大都市（コンスタンティノープル）を名指す際の、数多くの言葉遊びのひとつである。

（2）ムラト四世はわずか十二歳で即位した。ほぼ無政府状態といっていい時代、反抗的なテュルクの兵たちには、冷酷な処置を取らざるをえなかった。彼はコーヒー・ハウスを閉鎖し、喫煙に対しては死罪をもって禁じた。一六三三年九月十六日、イスタンブルの五分の一を破壊した大火事から二週間後のことである。コーヒー・ハウスは退廃の温床ではあったが、しかしスルタンが喫煙を禁じた理由はほとんど不明である。カディザーデ・メフメド・エフェンディ（本書「第二十一章」を参照）が、煙草は罪深い革新であるとの考えから、非合法化するようスルタンを説得したのだとする意見もある。歴史家たちによれば、大火事は喫煙者の不注意によるものではなく、水もれを防ぐためのかしめ作業を行なっていた船着場が原因であったという。

（3）ハッジ・アブドゥッラヒーム・エフェンディとは、バハーイー・エフェンディの前任者として一六四七—四九年にシェイヒュル・イスラームを務めていた人物。（バハーイー・エフェンディに対する）賛辞は、あながち空疎な追従というわけでもなさそうである。バハーイー・エフェンディが一度めに職を解かれたのが一六五一年であり、一六五六年十一月に『真理の天秤』が脱稿するまでの間に、他に六名がこの職に就任しては解雇されている。

第六章　コーヒー

　この問題についても、過去には大いに議論されている。これはイエメンに起源があり、たばこと同じように世界中に広まった。イエメンの山中でその土地のデルヴィーシュたちと共に暮らすあるシェイフたちは、この実を「カルブ（芯）とブン（豆）」と呼び、これを砕いてその果肉を食していた。ある者はこれを焙《ほう》じ、飲み物にして飲んだ。コーヒーは冷性で乾性の食物である。禁欲生活に適しており、欲望を鎮静化する。イエメンの人々はこのことを互いに人伝てに学び、のちにシェイフやスーフィーその他が使用するようになった。

　それが小アジアに船でもたらされたのは九五〇年（一五四三年）頃のことである。反応は敵対的なもので、これを禁ずるファトワーが出された。いわく、それが焙煎《ばいせん》という過程を経ているのに加え、人の集まりなどで、手から手へまわし飲みに飲まれるものであるという事実が、堕落した生活を連想させる、とのことである。エブッスウード・エフェンディにまつわる話[1]によれば、彼はコーヒーを運んできた船の横腹に、大穴をぶち抜いて貨物を海に投げ込んだと伝えられている。しかしこうした非難や禁止令は、何の役にも立たなかった。コーヒー・ハウスが一軒、また一軒と開店すると、人々は大いなる渇望と情熱を抱いて集まり、これを飲んだ。とりわけこれを愛飲する常習中毒者たちは、これぞ生きるための活力、喜びの源と見なしており、このカップ一杯のために死ぬ気まんまんだったのである。

以来、ムフティーたちは、これは許されていると述べるようになった。故ボスターンザーデが詳細なファトワーを発令した。しかも韻詩で、である。[2] そうしたわけでコーヒー・ハウスも、ある時は禁じられたり、またある時は許されたりといった具合に、数年の間に様々な運命を経験することになった。一〇〇〇年（一五九一―二年）以降、ようやく禁じられることはなくなった。至るところで自由に開店されるようになり、街角ごとにコーヒー・ハウスが見かけられるようになった。

人々は仕事もそっちのけで、物語の語り屋や楽師《がくし》に気を取られるようになった。生計のために働くことを厭う風潮が生まれた。更に王子から物乞いに至るまで、誰もが遊興《ゆうきょう》で刃傷沙汰を起こすようになった。一〇四二年（一六三三年）の終わり頃、こういった状況に気づいた故ガーズィー、スルタン・ムラト四世が、人々に対する慈悲と恩情から命令を布告した。帝国の領域全土に渡ってコーヒー・ハウスが解体され、以来開店することはなかった。それ以降、首都のコーヒー・ハウスは無知な者の心のごとく、虚しく淋しいものとなった。再開に望みをかけた店主たちは、しばらくの間は店を解体せず、ただ閉ざされるがままにしていた。後々になって、全てとまではいかずとも、その大部分は取り壊され、別の種類の店に変わってしまった。しかしイスタンブル郊外の都市や町では、以前の通りに再び開店した。すでに述べた通り、このような事柄は永遠に禁止しておけるはずがないのである。

さて、コーヒーそれ自体について説明しておこう。コーヒーが冷性で乾性であることは明らかである。『心得』[3]（*Tadhkira*）に収録されている、アンティオキアのダーウードの記述によると、熱性で乾性であるとのことだが、これは一般的には受け入れられていない。これを水の中で沸騰させ、抽出したものでさえ、その冷性が損なわれることはない。水も冷性であることから、おそらく増加するものと考えられる。ただし、乾性はある程度は減少する。たとえるならば本来は三の乾性であったものが、二の湿性を持つ冷性のものと混ぜ合わされて乾性が一奪われれば、残る乾性は二である。この乾性によって眠気が撃退される。正の利尿作用があるが、気質により効果は異なる。

乾性の気質を持つ者、特に憂鬱の気質の者には大量の摂取は不適切であり、不快感をもよおす場合がある。過度の摂取は不眠や鬱々とした不安を引き起こす。少量を飲用する場合でも、砂糖を加えて飲まれたい。

湿性の気質を持つ者、また特に御婦人には非常に適している。大量の、濃く淹れたコーヒーを飲用されたい。憂鬱症の者でない限り、どれほど飲んでも害はない。

注

（1）これら複数のファトワーのうちひとつは、R. E. Kogu, *Osmanli Tarihinde Yasaklar* (Istanbul, 1950) にその一部が引用されている。「何であれ炭化するに至ったものなどつまり炭であるから、絶対的に禁じられる」。アドホック・ルール〈特定の状況や問題に対応するために作られた規則や指針〉？

（2）ボスターンザーデ・メフメド・エフェンディは、一五八九年四月から一五九二年五月までシェイヒュル・イスラームだった人物。一五九三年七月に再任し、一五九八年四月に亡くなるまで同職を務めた。韻詩はアラビア語とトルコ語で書かれた。

（3）『賢者の心得』(*Tadhkirat uli'l-albāb*)。ダーウード・イブン・ウマル・アル＝アンタキー（一五九七年没）による著名な医学書。

第七章　麻薬、阿片、その他の薬物

核心を突かれた中毒者たちが「なんという罵詈雑言《ばりぞうごん》！」と言うかも知れない。何と言われようが、本件についての真の理論と最高の説明は以下の通りである。

人間は、最初に造られた通りの姿を保つべきである。それが彼の置かれている状況や彼の状態に最適なのであり、その堅固な構造に変更を加えてはならない。

麻薬、阿片《あへん》、それにその他の薬物は治療の類《たぐ》いに属するものである。疾患や病気のために使用の必要があるのでもない限り、食事療法の他に薬物に手を出すべきではない。たとえ必要があるとしても、それでも食事療法の方が好ましいのである。そこから薬物使用へ至る過程を急ぎ過ぎるのは、治療の法則に反している。「しかしそれを使用しないといけないわけでもなく、そういう状態にあるわけでもないにしても、それを純粋に楽しむために使用することもありうる。今更言うまでもないだろう」。そう言って人はこれらをよく知ったような気になり、二、三回ほど使用し、以降すっかり習慣としてしまう。そしてその後になって、習慣になってしまったことを止めるのが不可能なことに気づき、死ぬまで一生苦しむようになるかもしれない。年を経るごとに、それはますます強まってゆく。彼の輪郭が歪んでゆく。面立ちも身なりもまるで教会の壁の、あちこちが剝がれて消えてしまった古いフレスコ画のようになる。使用すれば、一瞬で逆戻りである。能力と感覚は遮《さえぎ》られ、理解も意識もどこかへ飛び去ってしまう。死んでもいないが生きてもおらず、眠ってもいないが起きてもいない、ゆらゆらと揺らいでいるだけの物体になる。自らの自由意志で選んでこのような有り様になろうとは、彼らが自らに加えた恐るべき害悪に疑いの余地などあるだろうか？

　この習慣をどうにかこうにか断ち切ることができるようなら、それは大いなる幸運であり機会を逃してはならない。そうでないなら、急に断ち切るのは危険である。どのような方法があるだろうか？

　これを断ち切るのに聖法の許可は不要である。麻薬の長期常習者に干渉するのは愚かな誤りである。言葉をかけるなら、中毒の罠に落ちてはいない者たちへの警告と良い助言の他にない。さもなければ彼らは、中毒者たちの親しげな誘いや執拗さに引き入れられてしまうだろう。

　そして、この期に及んでもまだ我々の許にやってくるものがいれば、このアラブのことわざに従うだけである。

「汝の同胞になつめやしを与えよ。もしも拒否されたなら、燃える石炭を与えよ[1]」

注

（1）すなわち、「私はあなたに良い助言を与えた。あなたは拒否した、自らの破滅と引き換えに」。

第八章　預言者の両親について

この話題を本書に含めることにしたのは、これも議論百出の、戦場のひとつだからである。

注意。 一部の、不運にも知性に欠ける者たちは、こうした議論は預言者を軽視し彼の栄誉を損ねるものであり許されない、と考える。批判を免除されるのは預言者の特権であるが、彼らはこれを彼の家族にまで拡大し、そしてこの誤りゆえに議論の扉を閉ざしたがる。彼らは問題を正確に討論するに足る十分な知識を得ておらず、単なる雑談、おしゃべり以上のことは望めない。危険な話題というのは存在する。創造主の本質、属性、行為に関わるものなどだが、それに比べればこれなど全く影の薄い、取るに足らないものである。偉大なる学者サアドッディーン・タフタザーニーは、ナサフィーの著『信条』の注釈において、クルアーンの章句「もし神以外に天地のあいだに神々があるとすれば、天地は崩壊するであろう。それゆえ、彼らの述べているようなものとはかけ離れた玉座の主なる神を讃えよ（二一章二二節）」は神の唯一性の決定的な証明であると書いて名声を博した。だが当時の偏狭《へんきょう》な専門家たちは、それは証明として決定的ではないと断言した。神の唯一性の決定的な証明が存在しないとなると、今度は皆が皆そろって彼に襲いかかり、彼を不信仰者呼ばわりした[1]。彼は多くの説得力ある議論をもって彼らを黙らせた。

いつの時代も、戦士たちは剣と槍をもって互いに戦った。それと同じで、論争や思索の主唱者たちも絶えず筆と舌をもって戦っている。これこれのたぐいの問題を議論するのは許されない、などと考える者は小心者の馬鹿であるから議論に干渉すべきではない。厳しい議論の場においては、こうした輩《やから》は足下に踏みつぶされる。

さて本題に入ろう。かの地上の栄光（神よ、彼を祝福し平安を与えたまえ）はアレクサンダー暦八八一年、キリスト歴五七八年に誕生した。彼の父アブドゥッラー・イブン・アブドゥル＝ムッタリブは、カラヴァンと共にマッカからガザに行き、その帰路、マディーナもしくはアル・アブワで[2]死没した。アブドゥッラーの死の日付については諸説ある。歴史家は、彼は息子の誕生した年に、しかし息子を目にすることなく亡くなったとしている。その他の説は、預言者の生後二ヵ月から十ヵ月の間に亡くなったとしている。一人だけ、彼が亡くなったのは預言者が二歳の時のことだとしている。

預言者の母はアーミナといい、ワフブ・イブン・アブド・マナーフの娘である。夫に先立たれた後、預言者が四歳または六歳になる頃にアル・アブワでこの世を去った。彼らが生きていたのはジヤーヒリーヤ、すなわち土着的な無知のはびこる時代であり、同時に預言者不在の時代(3)、預言者と預言者の合間《あいま》の小休止と呼ばれる時代であった。
最も高貴な預言者が、その務めを授かったのは四十歳の時のことである。彼が召喚を受けてから逝去《せいきょ》するまで、最も少なく見積もっておよそ二十年になる。
ものごとの多くには、満場一致で申し分のない伝統が築かれている。それ以外について以下、論争における主だった要点を質疑応答の形式で述べよう。

問　預言者の両親や子孫なら、絶対に信仰者と決まっているのか。

答　アブラハムの父であり、歴史上ではテラとも呼ばれたアーザルや、ノアの息子カナーンは信仰者ではなかった。こうした事実とは全く別に、クルアーンに記され明らかに示されていることであるが、預言者たちの両親や子孫は必ずや信仰者である、と断言する者は誰であれ、預言者には何が許されており、また何が義務であり、そして何が不可能であるか、自らの無知をさらけ出しているのである。もしもこれらを分かった上での主張なら、ただの論争好きである。何を言い何を行なおうが、最後にはこの言葉「死者から生者を出し、生者から死者を出すのは誰か（クルアーン一〇章三一節、三〇章一九節）」、これがここでも当てはまる。これは主の全能と、完全な知恵を示している。預言者性とは完全に神からの贈り物であり、生まれや育ちとは関係がない、という点に疑いを差しはさむ余地はない。それは強烈な恩寵である。それに比べて、反対の意見をとる者たちが想像する「恩寵」など全く重要ではない。

問　預言者の時代の合間に生まれ、預言者がその務めを始める前に死んだ人々はどのような状態にあるのか。

答　これについて、イマームたちの見解は一致していない。アシュアリー神学者(4)とシャーフィイー法学者は、「われらはあらかじめ使徒を遣わさないかぎり、けっして懲罰を下すことはない（クルアーン一七章一五節）」との言葉を証拠に、彼らは許されており、罰せられることもない、と述べている。マートゥリーディー神学者(5)とハナフィー法学者は、彼らは業苦《ごうく》の中にいる、と述べる。彼らには、創造主の唯一性を観察し演繹《えんえき》することもできたはずだが、それを怠《おこた》った、というのがその理由である。一部の解説者によれば、人々のうち何種類かは審判の日に赦《ゆる》しを請い、そして彼らの弁解は神に受け入れられるという。「弁解を受け入れてくれるのは神か、心やさしい者のどちらかだ」と、昔から言われている通りである。祝福された者と、そうでない者を分別する試練が課される。すなわち、めいめい自分の魂を持って、地獄へ行くように命ぜられるのである。祝福された者たちも同様だが、しかし彼らはためらいながらも救済を求める。ところが地獄へ落ちる者たちというのは、勇気を出して自ら前に進もうとはしない。こうして彼らの反抗と不服従が確証され、彼らは地獄に集められる。

問　『大理解』[6]（*Fiqh akbar*）は最も偉大なイマームであるアブー・ハニーファの著書ではないのか。

答　イマームの足許でじかに学んだ人々の伝えるところによれば、その通りである。『ハナフィー法学者列伝』[7]（*Tabaqāt Hanafiya*）には、一九九年（八一四―五年）に死没したバルフのアブー・ムーティーが、師である最も偉大なイマームから聞いたことを書きとめたのが『大理解』の書である、とはっきり述べられている。私は自著『歴史の暦』[8]（*Taqwīm al-tawārīkh*）の初版に、バルフのアブー・ムーティーが『大理解』の著者である、と誤って書いてしまった。その後、私は「著者」を「編者」に修正したが、私の最初の写本は相当に広く読まれた。すると同じ町に住む説教師の一人がやって来て、本題に関する見解ゆえに、『大理解』の信憑性を貶《おとし》めたがっている偏屈者たちの手にわが書が渡り、彼らの強力な武器になっていたことを指摘し、修正するよう私に懇願《こんがん》してきたのである。そこで私はアブー・ムーティーは編者であることを最初の写本に書き加え、説教師にそれを贈呈した。

書物を通じて知る者たちとは別に、学びを得ている人々は、昔も今もアブー・ハニーファの著作として『大理解』に言及している。彼らは道に従う善良な者たちの手本であり、中でもとりわけ、九五八年（一五四九年）に亡くなったシェイフ・ムハンマド・イブン・バハーウッディーンは、三十年の隠遁《いんとん》と崇拝ののち、イスラームの教義に対する関心をよみがえらせようと『大理解』の解説を書く準備をしていた。彼は私のいとこで、ビルギヴィー・メフメト・エフェンディの父にあたるピール・アリー・エフェンディに助言を求め、彼と相談し合い、彼の賛同と励ましを得て注釈書を執筆したが、その書は今もなお学識者の間で用いられ、好評を得ている。

『大理解』はアブー・ハニーファの著作ではない、との申し立ては虚偽であり、狂信の産物であり、根拠なき単純な否定でしかない。この説を支持しようと、ある種の漠然とした想像力に富む考えを述べる者たちがいるが、しかしこれは非の打ちどころなき目撃者たちの談とは相反する言明であって、明らかに却下されるものである。

問 『大理解』において、アブー・ハニーファは「預言者の両親は不信仰者として死んだ(9)」、と言わなかったか。

答 シェイフ・バハーウッディーンザーデ(10)によれば、この項が信仰に関する章の中に含められた理由は、一部の人々が、預言者の両親が不信仰者であったことを極端に否定するようになったためである。この否定は明らかに信仰の原則に反しているため、アブー・ハニーファはイスラームの教義の中に、特にこの項を設けて『大理解』に収録した。預言者の両親には行き過ぎた尊崇を示しておきながら、信仰の原則にはほとんど示そうともしない人々の誤りを立証するのがその目的である。イマーム・ファフルッディーン・アル＝ラーズィーは、その偉大なるクルアーン注釈書の中で、この過剰な尊崇は、過去にシーア派ラーフィディーの徒たちが、預言者無謬説を説き始めたのと、ちょうど時を同じくして広まったのが始まりである、と述べている。その後に、一部のスンナ派たちがこれを模倣した(11)。

問　何を基準として不信仰と判断されるのか。

答　信仰と不信仰はふたつながら内面のものであり、神の他にそれを知る者は誰ひとりとしていない。外面の特定の兆候から推論されることもあるにせよ、しかしその兆候も事実とは異なる場合もあり得る。たとえば外面《そとづら》の兆候が信頼を得れば、偽善者が真の信仰者と見なされるかもしれない。そうしたわけで誰かが死んだとき、信仰者として死んだのかあるいは不信仰者として死んだのか、その人についての明白な啓典の記述があるのでもない限り、確かなことは何も言えないのである。もしも信仰者が悪の状態に悩んでいたなら、不信仰者として死ぬかもしれないし、その一方では不信仰者が、良い結末を勝ち得ているかもしれない。ほんものの信仰も不信仰も、それは心に書かれていることである。法の定義においては、しかしながら外面の兆候は考慮に入れられる。外面の兆候が信仰を示すものであれば、信仰が推定され彼は信仰者と見なされる。不信仰を示すものであれば、不信仰が推定され彼は不信仰者と見なされる。そうしたわけで信仰と不信仰とは、ほんものの場合もあれば単なる推定の場合もあり、しかもそれらは遠く離れた両極に位置しているのである。預言者の両親に関する問いは、推定に基づいて発されたものである。真実に到達するには啓典の決定的な文言が必要だが、それに相当する文言はない。この主張は、バハーウッディーンザーデによるものである。

エジプトの偉大な学者であり、その時代に並ぶ者はいなかったシェイフ・マクディスィーが、その論の中でこう述べている。「偶像崇拝者が地獄の住人となることが明らかになった以上、預言者も信仰者も、たとえ近しい親戚の者であっても、これらのために赦しを乞うことなど、けっしてあるべきではない（クルアーン九章一一三節）」という章句の啓示が示す状態について、解釈者たちは二つの異なる説を述べている。ひとつめは、イブン・アッバース[12]を権威とした注釈者や伝承主義者たちが形成する大集団による説で、これは預言者の両親についての章句であるとしている。これは一般に広く認められた伝統の域《いき》に達しており、そのためファフルッディーン・ラーズィーやその他の学者たちにも好まれている。幾人かは、これのみが啓示の意図するところである、とまで述べている。ふたつめの説によれば、これはアブー・ターリブに関連づけられる啓示である。博識者ジャールッラー[13]やその他の人々はこの説明を退けているが、「東と西のシェイフ」と呼ばれたシェイフ・アブドゥルカディール・ジュルジャーニーは、これをひとつめと融合させている。彼が言うには、もしも信頼に足る権威の伝承に相違があったなら、できる限り和解させねばならない。その章句が一個人についての啓示であるかもしれないにしても、総意としては広く一般にも当てはまるものであるとする。

「あまねく世界に向けての警告の域に達しているものを、あえて個別具体的なものに限定する必要はない。更に『偶像崇拝者』『近しい親戚』といった語は普遍的なものであって、父や母、伯父やその他の近しい者もそこに含まれている」

シェイフ・アリー・マクディスィー[13a]の判断は以下の通りである。誰であれ、「預言者の両親は信仰者であった」との伝承を真実と断言する者は、クルアーンの章句の真実の否定に陥らざるを得ない。全人類に適応されるという特徴はクルアーンの章句の有であり、伝承の有ではない。啓示の目的についてこの見解を認めるならば、上述の伝承には真実が欠けている。

『大海の合流』[14]（*Multaqā*）の著者やその他の人々も、これと意見を同じくしている。

問　人はなぜこの話題について論争するのか。

答　イマーム・クルトゥビー著『記録』[15]（*Tadhkira*）には、これに関する無数の伝承が収録されている。伝承の事実確認には関心を払わない一部の伝承主義者たち、例えばスユーティー[16]などは、検証もせずにそれらを額面通りの真実として記録した。彼らの著書は単なる風聞と自分たちの先人への盲信に基づいており、批評的認知力の欠如があらわになっている。こうした著者の何人かは、自分が何を書いたり言ったりしているのか、考慮もしなければ耳も貸さない、偏見に満ちた狂信者である。彼らは誤りの道を選んだ。憶測の脇道に入り、正確さという地から遠ざかったのである。再び多くの人々が、預言者の両親を良く言うことは正しいことだと考えるようになった。関連する物語がひとつかふたつ造られたが、たとえばケマルパシャザーデ[17]のように真実の追及を試みようとするでもなし、社交儀礼に終始した何の役にも立たないものである。しかし一般的には、彼らの作品には立派な目的があると考えられている。

問　この話題について、最も優れておりかつ適切な見解とは何か。

答　学びを得た少数の者、すなわちこの対立の起源を知り真実に到達する能力を持つ者であれば、自分で答えを導き出せる。その上で、何を選び取るかは、状況に応じて自分で決定するだろう。一般の信仰者たちには、無駄話を慎み、問題について議論するのを控えることが義務となる。ものごとを最良に考え、「預言者の両親が、信仰者であったなら良いのにと思います」、と、（それも薄弱な伝承が根拠であると承知して）言ったりすることである。無作法であってはならず、不信仰の非難を浴びせたりしてはいけない。そのような言葉は、もしも侮辱を意図してのことであれば――神よ、赦したまえ！――大罪である。ハンバリー学派のイマームであるイブン・クダーマはその著書『明解』[18]（*Muqni*）において、もしも派閥主義をハワーリジュ[19]の反逆的教義と結びつける者があれば、預言者に対する中傷者として裁かれ処刑されることになろう、と述べている。

そうしたわけで、彼らにとって最も優れた方策とは、議論に干渉せず、そこから離れることである。

注

（1）これと類似して、アフマド・イブン・ハンバルは、教義上のある特定の見解について、学問上の論敵が自分と同意見であると聞き、その人物は罪深い逸脱を犯していると断定した。伝統的権威に拠らず、理性に基づいて結論を導き出したから、というのがその理由である。

（2）マッカとマディーナの中ほどに位置する。

（3）クルアーン五章一九節。「あなたがた啓典の民よ、使徒たちが中断された後、わが使徒がやって来て、あなたがたに対し（事物の）解明をする。これはあなたがたに、「わたしたちには吉報の伝達者も警告者も来ない。」と言わせないためである。今、吉報を伝え警告を与える者が、正にあなたがたの処に来たのである。誠にアッラーは凡てのことに全能であられる」。

（4）ムウタジラ派の合理主義の侵入から正統性を護持した神学者、アブゥル・ハサン・アリー・イブン・イスマイル・アル＝アシュアリー（バグダード出身、九三五年没）の門下生たち。アシュアリー神学は、スンニ派イスラームの神学として認知されている。

（5）最重要の正統派神学者、アブー・マンスール・アル＝マートゥリーディー（サマルカンド出身、九四四年没）の門下生たち。マートゥリーディーの教えるところは、本質的にはアシュアリーのそれと一致する。だが彼らの門下生たちの間には、いくつかの議論において分裂があった。

（6）『大理解』（*Fiqh akbar*）とは、著名な教義学の書二冊に与えられた名称である。翻訳ならびに全注釈については、Wensinck を参照（本書「キャーティプ・チェレビーによる序言」の注13）。キャーティプ・チェレビーは、この二冊を混同するという、誰もが犯す過ちを犯した。Wensinck によれば、*Fiqh akbar* 一巻がアブー・ハニーファ本人の言に依拠しているのに対し、*Fiqh akbar* 二巻（キャーティプ・チェレビーが参照しているのはこの二巻である）の方は、アブー・ハニーファの没後およそ二世紀を経た頃のものであるという。

（7）ハナフィー学派の導師たちの伝記は、同名のものが複数存在する。

（8）本書「結語」を参照。

（9）『大理解』（*Fiqh akbar*）二巻の一部、第二七章はこれらの言葉をもって始まり、預言者の叔父アブー・ターリブの名もここに加えられる（Wensinck, pp. 197, 239–40）。しかしながら後のイスラーム教は、この教義を拒絶するようになった。本章がイスタンブル版『真理の天秤』（一八八八―八九年）から削除されたのも、この理由によるものである。

（10）バハーウッディーンザーデとは、既出のムハンマド・イブン・バハーウッディーンと同一である。ペルシャ語の接尾辞であるzadeザーデは、「〇〇の息子」という意味で、これはアラビア語のibnと同様である。

（11）預言者は、啓示を伝えるときを除いては、自分は聖なる直観を得たとも、あるいは日常生活において完璧であるとも決して主張することはなかった。しかしながら彼の支持者たちは、彼は罪無き状態にあり、また彼自身は決して欲しがりもしなかった奇跡を起こす力を有するとまで信じるようになっていった。

（12）イブン・アッバースは預言者のいとこで、伝承の語り手として知られている。

（13）ジャールッラー（「神の隣人」）とは、偉大な文法学者、クルアーン解釈者のアブゥル・カーシム・マフムード・イブン・ウマル・アル＝ザマフシャリー（一〇七五―一一四四年）。マッカに長く住んでいたことから、このあだ名で呼ばれた。

（13a）この「アリー・マクディスィー」は、イブン・ガニム（一五一四―九六年、カイロ）の名で知られたハナフィーの神学者で文法学者を指している可能性がある。

（14）『大海の合流』（*Multaqa 'l-abhur*）は、アレッポのイブラーヒーム・イブン・ムハンマド（一五四九年没）によるハナフィー法学の概説書。

（15）『記録』（*Tadhkira*）は、コルドバのシャムスッディーン・ムハンマド・イブン・アフマド・アル＝アンダルースィー（六七一年／一二七二―三年没）による死と来世に関する伝承を集めた書。

(16) ジャラールッディーン・アッ＝スユーティー——アスユートのジャラールッディーン（一四四五—一五〇五年）——といえば、あらゆる分野にまたがり精力的に執筆した多産の文筆家であり、一般のムスリムたちの間では、本著者によるそれよりもはるかに高い評価を得ている。
(17) 一五二六年から一五三四年にかけてシェイヒュル・イスラームを務めたケマルパシャザーデは、注目すべき詩人であり、多芸多才の学者でもあった。彼の頌詩作品は全部で三百近くにのぼり、「宗教諸学」の他にも歴史、文学、辞書学を修めていた。
(18) ムワッフィクッディーン・アブドゥッラー・イブン・クダーマ（一二二三年没）による『明解』(*Muqni*) は、ハンバリー学派の諸分野を網羅した書。
(19) ハーリジー、ハワーリジュ派とは、もともとはカリフ・アリーを支持していたが、アリーがムアーウィヤとの争いを仲裁者の手に委ねることに同意したときに彼の許を立ち去った人々を指す。彼らには、アリーに反逆して武器を取ったムアーウィヤと妥協するのは、ムアーウィヤ同様の不信仰者の証しと考えたのである。以降、数世紀に渡りハワーリジュ派は、あらゆる既成の権力に対立して戦いを繰り広げた。

第九章　ファラオの信仰

「ファラオ」とは、エジプトの王を指す称号である。古代、エジプトの支配者はすべてファラオと呼ばれていた。モーセ（われらの預言者と彼の上に神の祝福あれ）の時代に統治していた暴君については、特に「モーセのファラオ」と呼ばれて他とは区別されている。ムスリムの歴史家たちは彼をワリードの名で呼んでいる。

ファラオたちのうち三人、また別の説によれば七人が暴君と圧政者であったとされており、そのうち最後の、そして最大の暴君がモーセのファラオである。彼の物語は今なお流布《るふ》している名高いものであり、また歴史に刻まれた記録である。イスラエルの子らに対する不当な仕打ちと弾圧のため、ユダヤ人の間では悪名高い。イスラームの共同体においても、彼の名は罵倒の際《さい》の決め台詞となった。暴虐《ぼうぎゃく》と専制によって悪名を轟《とどろ》かす者が非難や告発にさらされ、諸悪の根源として指弾されるとき、人々は「彼はまるでファラオのようだ」と言う。あらゆるクルアーン解釈の書や歴史書は、道を踏み外した不信仰者として彼を描いており、多くの人がこの見解を受け入れている。

シェイフ・ムフイッディーン・イブン・アラビーは、その著書『英知の台座』[1]（*Fuṣūṣ al-ḥikam*）において、彼自身の精神的な見地と洞察に基《もと》づくモーセの物語を展開しているが、そこではファラオは信仰者であり、救済は保証されている。この保証とファラオの信仰については、クルアーンの章句「ファラオは言った、『私は信じます。イスラエルの子らが信じたお方の他に神はない。私は帰依者となります』（一〇章九〇節）」において明白に確証がなされている。溺れている状態というのは即死の状態を意味するものではなく、これは完全に絶望しきった者による信仰告白と解されるべきであろう。その後に続く章句「はじめは逆らって悪いことばかりしておいて、今になって（一〇章九一節）」は、間際になるまで自らの信仰をぐずぐずと認めずにいたことへの一種の非難ではあるものの、しかし彼が信仰を拒否していたという確証にはならない。これ以外にも、「復活の日に、彼はその民の先頭にたって、彼らを業火《ごうか》に導くだろう（一一章九八節）」の章句についても、必ずしも彼の不信仰を示すものではない。

啓典における彼の救済の証拠となるのが、以下の章句である。「おまえのあとに来る者へのしるしとなるように、われらは今日、おまえをからだごと救ってやろう。まことにわれらのしるしに無頓着な者が多い（一〇章九二節）」。これをイブン・アラビーは、「今日、われは汝を浜に打ち上げることにより現世の救済を授け、また汝の魂にも来世の救済を授けよう。それにより汝は、汝の後から来たる者たちに対するわが威力のしるしとなり、誰もわれの慈悲に絶望することもないだろう」という意味であると説明する。続けて彼は、ファラオの事例は神への召喚であると述べる。何故なら啓示の典拠がないにも関わらず、人々が彼は邪悪であると確信するのは、それが人類の普遍の魂に根ざしているからであるという。

『英知の台座』の解説者は、以下の通り述べている。すなわち、イブン・アラビー師はムハンマドの聖なる末裔である。聖なる末裔は啓典の章句を熟知しており、それをもって演繹《えんえき》的な形でものごとの真相にあたる。こうした啓示の典拠の証明などは、表面的には演繹的な解析の手順に類似しており、人々は聖なる末裔を、系統立って論理的な手法をとるムジュタヒドとみなす。そうしたわけで、ある解説者の一人は、イブン・アラビーのファラオ観を「神の命じるところによって行なったがゆえに、それは許されている」と釈明する。その一方であるイスラーム学者などは、全部にせものだ、ユダヤ人の改竄《かいざん》だ、などという作り話をでっちあげている。

一般の大衆はイブン・アラビー師の粗《あら》さがしという罠に落ち、アリかスズメバチのように彼の頭のあちこちに群がった。それでいて彼らは、シェイフによる引用ほどに決定的かつ明白な章句を見出せずじまいであった。ファラオは邪悪であるという世評を恃《たの》みに、非常にぞんざいな書き散らしをしたのみである。

かのイブン・アラビー師は、自らの抑えがたい洞察につき動かされるがままに『英知の台座』を執筆した。しかし思弁と類推《るいすい》を用いる学者の一人、博識のジャラール・ダッワーニーはこの主題について独自に小論を書いており、その文中では啓示の章句から、正規の手順を踏んだ類推によってイブン・アラビー師の主張を証明している。

論争はわれわれの時代に至るまで続いており、ある者は否定し、またある者は受け入れている。討議の結論は以下の通りである。第一に、思弁の体系と浄化の体系の間に区別がなされねばならない。[2] 思弁の体系は、知性と伝承の証拠を土台とする類推に基づいている。浄化の体系は、精神的な鍛錬と禁欲的な生活を土台とする洞察と眼識に基づいている。それぞれ、用いる語彙も異なる。一方の体系において、その規則とその用語に基づく問いがなされた際には、その議論中は別の一方の体系における規則と用語にも配慮しなくてはならない。そうすれば論点が混乱したり、証明が覆《くつがえ》されたりということを防げるだろう。こうした検証すべてにおける、これこそが口論と論争の根源であり、論戦の発端なのである。

思弁と類推の唱道者たちは、彼ら自身の規則に従い、浄化の唱道者たちを批判し、難癖をつける。後者の体系は思弁と類推ではなく、洞察と眼識に基づいているのである。照明学者の哲学から取り入れられた、彼らの専門用語は非常に独特である。洞察は法的には証拠とはみなされておらず、思弁の実践者の目には何の証明にもならないと映る。しかしそれでも、当の（浄化の）実践者たちにとってはそれは証明なのである。神の聖者たちの洞察と直観（彼らの行為の源泉である）が、彼らの神聖性の証明であることについては、思弁の実践者の唱道者たちでさえ認めるところである。

したがって、浄化の原則に沿って繰り出される主張と議論を論破するのに、思弁の体系の規則を用いるのは不可能である。どのような反証であれ、同一の体系に属する同一の規則と用語を使わねばならない。この件でイブン・アラビー師を論破しようと試みる者たちは、揃いも揃って思弁と類推を用いようとする。そのせいで、全て説得力がなく受け入れられないのである。他方では、思弁の体系の規則を用いたジャラールの類推が示す通り、この件についてのイブン・アラビー師の主張には啓示の章句の確証がある。

こうして水準を異にする二つの探求があると知れた今、この問題についてこれ以上の口論に及ぶ者があるなら、それは馬鹿ものではなかろうか？　神の造りたまいしものへの、神の慈悲を押しとどめようとでもいうのか？　ファラオが信仰者だったとして、それで何の害があろうか？　ファラオが不信仰者だったとして、それで何の得があろうか？　もしもユダヤ人が後者の論を固持するというのなら、なるほど確かに彼らにはそうする権利がある。復讐だ、祖先がファラオの手による大いなる過ちに苦しめられたのだから。しかしその他の信仰を持つ人々が、どんな理由あってその尻馬に乗る必要があるだろうか？

さて、学生たちに教育を授ける責任を持つ者たちにとり、最上の道は以下の通りである。もしも彼らがファラオを信仰者と呼ばないにしても、信仰者と呼ぶ者たちを非難させてはならない、特にかのシェイフを非難させてはならない。彼らに、中庸の道を放棄させてはならない。

注

（1）　Arberry, *Sufism* pp. 97–104, ならびに本書「第十章」も参照。

（2）　*Kashf al-ẓunūn* (Istanbul, 1941), Vol. I, column 413 に収録されている、スーフィズムについての著者の記述とも比較。「それは〈真理についての知識〉とも呼ばれている。それは〈道〉、すなわち魂から悪しき性質を一掃し、心を卑しい欲望から浄化することについての知識である。〈真理についての知識〉なくしては、〈聖法についての知識〉は何の働きもなさない。また〈聖法についての知識〉なくしては、〈真理についての知識〉は虚飾に終わる」

第十章　シェイフ・ムフイッディーン・イブン・アラビーに関する論争

一　彼の生涯

名はムフイッディーン・イブン・ムハンマド・イブン・アリー・ムハンマド・アラビー・アル＝ターイー・アル＝ハーティミー、スペインはムルシア生まれのマーリキー学派の徒である。彼は五六〇年ラマダン月第二十七日（一一六五年八月七日）、スペインの地中海岸の町ムルシアでこの世に生まれ、六三八年ラビーウ月第二十二日（一二四〇年十一月九日）、ダマスカスのサーリヒーヤ地区でこの世を去った。七十八（ママ）歳であった。彼は学問を得るために西方を放浪し、理性と理解の力を磨いた。彼は精神の道に従い、精神の努力を重ねることで最も高い階梯に達した。その後に、彼はヒジャーズへやって来た。聖都での長い滞在の後に、彼はシリアへ行き、この世を去るまでその地に留まった。多くの著作と神通力により生涯に渡ってその名は知れ渡り、「最高のシェイフ」と呼ばれて名声を博した。彼はおよそ六百冊の本と小論を書いた。彼に存在の絶対的一性理論を選び取らせたのは、彼自身の洞察力であった。『英知の台座』(*Fusūs al-hikam*) や『マッカ開示』(*Futūhāt*) といった著書において、彼はその理論に特有の用語をもって神秘的体験を記述している。アルファベット文字の秘教的科学については『大いなる文字学』(*Jatr kabīr*) と『文字学の鍵』(*Miftāh al-jatr*) を執筆し、これによって彼は当代きっての並ぶ者なき人物となった。コンヤのサドルッディーン・クーナウィー(1)のような、偉大なシェイフたちが彼を訪れてその足許に座した。彼はほとんどの作品において、神性の厳しい面よりも穏やかな面を強調した。そしてそのことがかつてなかった大論争を巻き起こし、そして一般の人々の意見も様々に割れた。

二　彼に賛同しない人々

彼の死後、浄化を是《ぜ》とする徒の一部と思弁を是とする徒の大部分が、存在の絶対的一性理論に基づき、浄化の理論における語彙を用いて執筆された彼の著作を、思弁の徒《と》の視点から検分してこれを拒絶した。この拒絶の反応は極めて不当であるが、思弁の教義にはそれが適《かな》っていると考えられたのである。

一部の者はこれらを明確に論破することなく、単に受け入れを拒否するに留まった。その他の者は受け入れの拒否を、反証と諷刺《ふうし》の文章を書き、シェイフに異教徒の烙印《らくいん》を押すといった極端なふるまいに発展させた。狂信者たちの一部は彼の「最高のシェイフ」の名称を、「最低のシェイフ」などと歪めるまでに過激化したほどである。しかし既に述べてきたように、この議論も諍《いさか》いも不安定な土台の上に載せてあったので、彼らの野蛮に過ぎる攻撃も異端宣告も、扉のきしみや蝿の羽音ほどにも重みのないもののように思われた。公正な人々は、注意も払わず耳も傾けなかった。だが一部の、自分の右手と左手の区別もつかないような愚か者たちが喧騒に吸い寄せられ、悪しき判断に引きずられ、重大な罪に落ちていった。「最初に始めた者こそが最大の責任を負う」という格言があるが、彼らを煽動した者たちは何の痛みも感じておらず、更に重大な罪についても全く見えていなかった。罪を招くこともせず、むしろおそらくは益を得た人々というのは、自らの信条が命じる規律に基づいて反対した人々である。こうした人々は彼の意見を認めることをただ穏やかに拒絶し、そうすることで自らの従う学派に対する義務を果たしたのだった。

三　彼に賛同する人々

シェイフの理論の起源と原理を理解したか、あるいは彼の外面的な状態から正しい判断をした浄化を是とする徒の大部分と、思弁を是とする徒の一部は、決して彼を拒絶せず、彼の言葉をすべて受け入れた。ある者などは、「彼こそは聖者の封印であり、ムハンマドのカリフ位の後継者だ」とまで発言した。彼らは、彼を非難したり中傷したりした人々に対する反証を書き、彼らを愚か者であるとして知らしめた。

いずれの党派もやり過ぎるか、あるいはやらな過ぎるかのどちらかに囚われていたが、しかし後世になるとほとんどのスーフィーのシェイフたちは、存在の一性に関する問題について彼の論に従うようになった。傑出した真実の探求者メヴラーナ・ジャーミー(2)は、思弁と浄化の方法論を融合させた人々の一人であるが、彼は解説を書き、この問題について詳細を明らかにした。望む者はこれを学ばれたい。

四　彼について判断を保留する人々

どちらの党派の人々をも含む、あるひとつの党派がある。シェイフについての判断を保留し、彼の著作にも目を通していない人々である。彼らは拒否にも承認にも傾かず、口論の落し穴にはまるよりも、外側の安全なところで中立を守るのが最上である、と言った。彼らは正しくふるまい、害に苦しまずに済んだ。この見解は本質的には、コンヤのサドルッディーンの著書『訓示』(*wasiyetnâme*)を暗示するものである。彼が書いた訓示には、以下の言葉が含まれている。「この先、皆が皆シェイフの著作や私のそれから学ぼうとする、などということのないように。何故なら大多数の者に対しては、その門は閉ざされているのだから」

そのようなわけで、真理の後に続く探求者たちにとり最も優れた道とは、理性的であること、またシェイフの言葉の深遠さが理解の範疇を超えているようなら、それを話題にしてべらべらとしゃべったりしないことである。そうすることで疑念や不確実性、派閥に巻き込まれるといった深い陥《かん》穽《せい》に落ちることのないよう、自らの身を守るべきである。シェイフについては、熟考することが最上である。それをしないのであれば、シェイフを悪く考えるべきではない。これが大多数の信仰者の、本来あるべき態度である。神が彼らを、熟考において助けたまいますように。

注

(1) サドルッディーン・クーナウィー、コンヤ出身(一二七三年没)。イブン・アラビーの娘婿であり、かつ弟子でもあった。

(2) ジャーミー(一四九二年没)については Arberry, *Sufism* 参照。

第十一章　ヤズィードの呪詛

これも所論行き交う戦場であるが、他の話題よりもはるかに古式ゆかしいものである。これはウマイヤ朝対アッバース朝の時代に大流行した話題であり、それからスンナ派の民《たみ》対シーア派の民を経て、現代の今もなお生き残っている。その起源は以下の通りである。

世界の栄光（神よ、彼を祝福し平安を与えたまえ）の使命の一環として、イスラーム国家が誕生した。信仰箇条としてなすべき事柄を実践すべく、彼は国家運営の基礎を固めて準備した。与えられた生涯のすべてに渡り、彼は預言者としての役割とスルタンとしてのそれを一身に引き受けた。彼の言葉「カリフ制は私の死後三十年は存続する」の通り、三十年の間は正しく導かれたカリフたちが信仰の箇条を実践した。カリフの時代が終わりを迎えるころ、「その後は王や暴君が現れる」という、これもまた彼の言葉通り、権力を指向する者たちが「力こそは正義なり」といった主義に従って動き始めた。利己心はむき出しとなり、表面的には宗教の論旨に関連づけられた様々な主義主張に固執する人々が現われ、そのためウスマーンとアリー（神よ、彼らの両方に御満悦あれ）の時代には、多くの争いや諍いが起こった。その勝者たちによってダマスカスに興ったのがウマイヤ朝である。ムスリムたちの間には相違が生じ、様々な派閥に分裂していった。ウマイヤ家とハーシム家の間で統治の権限をめぐる論争が繰り広げられ、イマーム・ハサンは自らの主張を取り下げた。[1]こうして権力がウマイヤ家の手に残されることになった。この構図はハーシム家の一族郎党には不快なものであり、これが彼らの苦い無念の根源となった。腹に据《す》えかねた彼らはイマーム・フサイン（神よ、彼に御満悦あれ）に、メディナを去ってアラブ＝イラクへ向かい、権力を掌握するよう説き伏せた。予測されていた通りの事態としてこれを察知したウマイヤ家とその支持者たちは、利用可能なあらゆる手段をもって防御の準備を整えた。ケルベラーの事変[2]が起こり、これによってイマーム・フサインとその支持者たちが命を落とした。六十一年（六八〇年）の出来事である。当時、ダマスカスを統治していたのはムアーウィヤの息子ヤズィードであった。ハーシム家は深く悲しんだが、剣による報復など論外であって到底かなえられるものではない。そこで彼らは舌を用いた。ヤズィードとその支持者たちを口を極めて罵倒し、非難し、それによって煮えたぎる怒りをいやそうとしたのである。以来、今もなおシーア派の民の間では嘆き悲しんだり罵ったりすることが慣例となり、やがてそれがスンナ派の民の間にも徐々に広まるようになった。一三二年（七五〇年）、ハーシム家の一族からアッバース家が興り、ウマイヤ朝は滅亡[3]した。これにより、中傷と呪詛がさらに増加した。多くのシーア派の民がラーフィディー[4]の分派に加わり、最初の二人のカリフであるアブー・バクルとウマルまでをも中傷し始めた（神よ、お許しあれ！）。アリーとアリーの子孫について、ハワーリジュの徒が彼らをあまりにも軽んじ過ぎていたのとほとんど同程度に、ラーフィディーの徒もまた、彼らをあまりにも重んじ過ぎていたのである。

アッバース朝の時代を通じて、この主題にまつわる多くの論争が、スンナ派とシーア派のウラマーの間で巻き起こっていた。イスラームの教義が書き起こされ、神学に関する書物が編纂されると、全ムスリムを束ねる預言者の教友たちに関し、スンナ派の教義は以下のように公式化された。「教友たちについて言及する際には、いついかなる場合も例外なく良い点について言及すること。彼らについては、悪しき言葉をもって語ってはならない。彼ら全員について熟考すること。彼らの間に起こった軋轢《あつれき》や争いについては、彼らは全員ムジュタヒドであったがゆえと捉えること。ムジュタヒドは誤りを犯しうる。もしも誤っていれば、報奨は一つである。もしも正しければ、報奨は二倍である。神の御目には、彼ら全員が称賛と報奨に値する。アリーとムアーウィヤについては、ムアーウィヤは彼個人の解釈を展開したが、それは誤りであったと言うべきである。正解はアリーの側にあった」

ヤズィードについては、しかしながら全員の合意は存在しない。二五年（六四五―六年）に誕生し、六四年（六八三年）に死没しているヤズィードは教友の一人ではない。総じてシーア派ウラマーは、彼に対する古くからの敵意のため、彼を罵ることは合法であると宣言している。幾人かのスンナ派ウラマーがこれに続き、「ヤズィードは放蕩者《ほうとうしゃ》であり不信仰者であった。彼が書いたいくつかの詩が、彼が異端であったことを示す証拠である」と述べている。こうしたウラマーの中には、五〇四年（一一一〇―一一年）にこの世を去ったシャーフィイーの法学者アブー・ハサン・アリー・イブン・ムハンマド・アル＝キヤー・アル＝ハッラースィーや、最近の学者ではサアドッディーン・タフタザーニーなど、他にも多くが含まれている。しかし大多数のスンナ派の民は、彼を罵ることが合法であるなどとは考えていない。

かのイマーム・ガザーリーは、それは非合法であると断言して詳細なファトワーを発令し、そうした行為を禁じている。いわく、「それが異端者であろうと悪魔であろうと、誰かを罵る行為は避けるのが好ましい」。かのイマーム・スィラージュッディーン・アリー・ウスマーン・アル＝ウーシー[5]も、宗教の原則を韻詩に託してしたためたその著書『しもべかく語りき』（*Yaqūl al-ʿabd*）においてこう述べている。

「そしてその死後ヤズィードは、二度と呪詛されることはなかった」

しかし彼の生前から、あたかもファラオに対してするようにヤズィードを悪人ととらえ、地獄に落ちる者として見なすこの俗習は、一般の人々の間に深く根づいている。彼の名前は、悪態と罵倒の常套句になっている。事の起こりにあった情熱は無視され、「アリーへの愛でもなければ、ムアーウィヤへの憎悪でもない」としか言いようのない、全くの偽りの表現が主流となり、多くの人々が呪詛の道に陥っている。彼らはガザーリーの言葉の深奥を摑んでもおらず、『かく語りき』の警告にも注意を払わない。幾人かの野蛮な者などは、めいめいムアーウィヤを忌み嫌うあまり、青色(6)の服を身につけることさえも拒否するようになった。彼らとこの主題について議論するのは無意味である。なぜなら彼らを動機づけているのはうぬぼれた狂信や無知であり、他人への盲従に他ならないからである。悪意なき中庸の道を探し求める人ならば、スンナ派ウラマーの歩んだ道を選び、またかのイマーム・ガザーリーのファトワーに従うだろう。千年に渡り勝ちまさってきたこの理解に同意し、無駄な愚行に耽《ふけ》ることはないだろう。

該当のファトワーはイブン・ハッリカーンの『没年と略歴』(7)（*wafayāt*）に収録されている。アル＝キヤー・アル＝ハッラースィーの伝記の、アインの項に記述がある。

注

（1）ハーシム一族とは、預言者とその従兄弟アリーの曽祖父ハーシムの末裔である。ハーシムはアッバース朝カリフの父祖アッバースの祖父でもあり、ムアーウィヤ一世の曽祖父ウマイヤはハーシムの甥にあたる。

（2）ケルベラーはバグダードから南東へ五十五マイルの場所。ウマイヤ朝の軍勢が、フサインとその支持者からなる小隊を殲滅した地であり、シーア派世界においては最も聖なる地とされる。

（3）「滅亡」というのは誇張である。ウマイヤ家ただ一人の生存者、アブドゥッラハマーンはスペインへ逃亡し、その地で再び後ウマイヤ朝（コルドバ朝、七五六―一〇三一年）を築き上げている。

（4）ラーフィディーとは、シーア派の異端的分派の呼称。アブー・バクルならびにウマルの追憶に対する中傷を拒絶した、フサインの孫ザイドの許を立ち去った一派を指す。ウスマーンが中傷されずに済んでいるのは、ひとえに（アリーの黙認もあって）暗殺の最期を遂げているからである。スンナ派は、しばしばラーフィディーの語をもってシーア派全体を指すことがある。

（5）アル＝ウーシーはハナフィーの法律家。フェルガナに住んだ。五七五年（一一七九―八〇年）没。

（6）青色に対する抗議というのは、おそらく、トルコ語での色名称 mavi が、カリフの名のトルコ式の発音 Muaviye に通ずるものがあるから、というのがその理由と思われる。

（7）イブン・ハッリカーン（一二一一―八二）は、人物伝の辞典として著名な書『名士たちの没年と略歴』（*Wafayat al-a'yān*）の執筆者。アル＝キヤー・アル＝ハッラースィーの項については、MacGuckin de Slane による英訳書（パリ、一八四二―七一）Vol. II p. 229 を参照。

第十二章　ビドア（逸脱）について

ビドアの意味するところとは、聖俗のいずれかを問わず、預言者ムハンマド没後第二の世代もしくはそれ以降に出現した新たな進展である。つまり預言者ムハンマド（神の平安と祝福が彼の上にあらんことを）と彼の気高き教友たち（神の御満悦が彼らの上にあらんことを）の時代には存在せず、また三種類のスンナのどこにも痕跡がなく、かつ伝承にも言及のない事柄は何であれビドアに相当する。

こうしたものには二種類ある。一つめは「良いビドア」と呼ばれる。預言者の時代には知られていなかったが、必要を満たすために後代の信仰の長たちによって許されることになったものがそれである。例えばミナレットの建設、書籍の製造などである。二つめは「悪いビドア」である。例えば信仰の問題として、スンナの徒とは異なる誤った信条の分派であるとか、信仰の実践上、世間一般の人が何の典拠もなく自分たちで勝手にこしらえた崇拝の様式などがそれである。

どちらの類《たぐ》いについても、法学書をひもとけば関連する法令が明白かつ詳細に書かれている。ここでそれらの解説をするつもりはない。だがこれだけは言っておきたい。こうしたビドアは、すべて人間社会における慣習と習慣を堅固な基盤としている。ひとたびビドアが根をはって共同体の内部に確立してしまえば、人々にそれを捨てさせようとの期待から「勧善懲悪」[1]の正論を振り回したり、強要したりするのは愚の骨頂であり無知の極みである。人間は、それがスンナであろうがビドアであろうが、自分が慣れ親しむようになったものは何ひとつ手放しはしない。血に飢えた誰かが全員まとめて大虐殺でもしない限り無理である。たとえばスンナ派の王たちは、教義上のビドアをめぐって多くの戦争や戦闘を繰り広げたが、しかし何の甲斐もなかった。実践上のビドアについても同様である。いつの世においても、善良で信心深い統治者や伝道者が長い歳月を費やしてこれに取り組んだが、自分たちが疲労困憊するばかりで、人々にはたったひとつのビドアさえ捨てさせることは出来なかったのである。

　人間は習慣を断たない。たとえ何であろうが、アッラーが導かない限り続くものは続くのである。統治者にとりなすべきこととは、イスラームの社会秩序を保護し、人々に対する義務とイスラームの原則を維持することである。伝道者であれば、人々に対してスンナの方へ向かうよう穏やかに注意を促し、忠告を与えるだけで義務を果たしたことになる。そして応じる義務は人々の側にこそある。彼らは、応じるよう強制されていい存在ではない。

　要するにこの主題については、深く研究したところで意味がない。何故ならどの時代の人々であれ、預言者の時代の後に生まれた者が、自分たちの生活様式を仔細《しさい》に調べてスンナと比較検討すれば、見出しうるのは広範囲に渡る不一致である。もしも誰もが正直に自らを考察したなら、スンナと近しく一致する点など何ひとつ見出し得ないはずである。およそあらゆる時代のあらゆる言葉や行為のうち、ビドアに染まっていないものなど何ひとつ存在しないのである。

われわれとしては高貴なる預言者ムハンマド、共同体に遣わされし仲裁者が、彼に従うか弱く無力な者たちが犯す多くのビドアの罪を見逃してくれるようひたすら乞い願うばかりである。そしてこの者たちが信仰者であり、唯一の神を信じているという事実をもって、彼がこの者たちのために執《と》りなし、この者たちのために赦《ゆる》しを請うてくれるよう願うばかりである。さもなければ共同体は、彼の完成度に沿った生活を余儀無くされる。これは極めて困難なことである。全能の神、いと高き主の慈悲とお導きがありますように。アーミン。

注

（1）本書「第十七章」を参照。

第十三章　墓参の巡礼について

昔の人々は墓地を訪れることに大いなる関心を寄せ、これに傾倒していた。原因として、ひとつにはこれが偶像崇拝にその根拠と起源を持つ習慣であるというのが挙げられる。これを理由に、われらが世界の栄光（たる預言者）は、イスラームの創始期においてしばらくの間は墓地の訪問を全面的に禁止した。しかしその後は以下の言葉をもって徐々にこれを許した。「私はかつてあなたがたに墓地を訪れるのを禁じた。しかし今は、あなたがたは訪れても差し支えない」。それ以来、墓地を訪れ、死者に呼びかけて嘆願することは合法となった。

現在、問題となっている点とは、死者に対して助けを求める習慣である。これについてウラマーは合意していない。シェイフたちは、「あなたがたが困っているときは、墓の中にいる者に助けを求めよ」と述べてこれを許可している。彼らはまたこうも言う。「魂が身体に結びつけられているのと同じで、魂が墓に結びつけられていないということはない。偉人の墓には、わずかながらも精神性が宿る。その他どのような場所で祈ったり訴えたりするよりも、こうした場所で神への接近を探し求める方がよい。偉大なるナクシュバンディー[1]のシェイフたちもしばしば彼らの先達の墓を訪れては、彼らから精神性を借り受けて道を歩んだ、という言い伝えを聞き逃したか？」

だがほとんどの法学者たちはこう述べる。「死者に助けを求めることを許可してしまえば、一般の民衆の手綱をゆるめることになる。古き時代の偶像崇拝も、ここに端を発しているのである。手はじめに彼らは、預言者や聖者の精神を通じて神に接近しようとする。それから徐々に彼らの像を作り出し、これが神との仲介者であるなどと言って崇拝し始める。墓の崇拝者がしげしげと墓に通って断食したり祈ったりするのも、こうした意図によるものである」。こうした理由で、彼らは死者に助けを求めることを絶対的に禁止している。

加えて、それどころかこの習慣は多神教の域《いき》である、とも彼らは述べる。よく知られている通り、アブラハム（彼に平安あれ）がニムロドの炎に投げ入れられたとき、ガブリエル（彼に平安あれ）が現れて「何か頼みごとはないか」と言った。アブラハムは「あなたに頼みごとはない」と答えた。「では、おまえの主に頼みごとはないか」とガブリエルは言った。しかしアブラハムは、自分の願いや祈りを訴えることを拒否して言った。「神は私の置かれた状態をご存知のはず。何で主に頼むことがあろう？」[2]。これをもって人々は、厳しい一神教の原則を教えられたものである。すなわち情けも助けも、神以外に求めてはならない。「神のおそばに近づけ」という言葉には、服従の行為と敬神の実践をなせ、という含みが持たされているのである。

こうした見解を持つ者たちのうち、とりわけイブン・タイミーヤ(3)に至っては、預言者その人の墓でさえ訪問を禁じているほどである。「雨乞いの礼拝を求められた際のウマルが、預言者の墓では行なわず、その代わりにアッバースの執りなしを求めたという事実が、執りなしは生者に求めるのが最良であるということの証左である(4)」と述べた人物が彼である。いくつかの問題に関する彼のこうした極端主義は、エジプトやシリアのウラマーたちとの衝突をもたらした。彼らはイブン・タイミーヤを徹底的に追及し、エジプトのスルタンの御前裁判に彼を引きずり出した。世論は分裂し、どちらの側でも一枚刷のビラが数多く書かれた。彼の弟子に、イブン・カスィールとイブン・カイイムがいた。彼らはその著述の中で、徹底的な調査に対してあますところなく反論を述べた。イブン・タイミーヤの敵対者たちは彼を異端者と宣言し、最終的に彼は投獄されてしまった。七二八年(一三二八年)、彼は獄中死した。こうなってくると、墓参巡礼の問題は白熱した議論の的となり、両派は共に調停の裁決を求める必要があることを認めた。裁決として選ばれたのは中庸の道である。そして以下の判定が下された。魂が身体や墓と結びつけられていることの玄妙《げんみょう》さを理解している者、また墓とその他の場所で行なわれる嘆願の違いを理解している者は、特定の前提を条件に墓参りを許される。幾人かのシェイフが実践していた行為はこれに相当する。そして彼らがそうするのは多神教にはあたらない。それどころか、これは一神教の域である。アブラハムの一神教は純粋な一神教であった。「心と体と魂」のすべてをもって神に傾倒する者は、仲裁などには何の関心もない。精神的な力の持ち主の大部分は、この類《たぐ》いの人々である。ところが程度の低い者たちは、精神または身体にかかる問題を解決したり取り除いたりするのに、自分には仲介者や媒介者が必要だと考える。仲介者を崇拝する意図がない限りにおいては、そこに多神教が含まれる余地はない。

中庸の道を選ぶ者たちにとり、適切なふるまいとは以下の通りである。墓参巡礼の目的地に近づいたなら、神（壮麗の主に栄光あれ）の承認を得るためにファーティハを暗唱し、その報奨については墓の主の魂に捧げ、[5] それ以上のことはすべきではない。それ以外のいかなる創案も持つべきではないし、墓に接吻《せっぷん》したりしがみついたりすべきではない。人間の長《おさ》たる預言者の聖墓を訪れる幸運に恵まれた者は、定められた作法に従って立ち、両手は体の前で握り、心からの敬愛と祈禱を捧げるべきである。格子《こうし》に取りすがったり接吻したりといった無作法の罪を犯してはならない。これが聖法によって定め置かれた所作である。それ以外のふるまいは何であれ無礼を意味する。最良の作法とは、そのような危険を招かないことである。こういった無意味な行ないが自らを精神的に高めるなどという考え方は、誰にも抱かせてはならないものである。

両極にあるふたつの派閥間の平衡《へいこう》は、このようにして保たれることになった。一方では、人々は墓参を完全に禁じられたわけでもないし、また一方では一般の人々の手綱がゆるみ、墓に助けを求めることが完全に許可されたというわけでもない。

が、人々の間では墓場にランプを灯すことが一般的になっているのも事実である。墓場を訪れては墓に顔や目をこすりつけたり、ランプの油を自らに塗りつけたりするのが、知性の脆弱な男や女や子どもたちの習慣となっている。これればかりは決して改まることはないだろう。墓場の管理人もランプの売り子も、これで生計を立てているのである。
　これについて言い争ったり、議論したりするのは馬鹿のやることであり無駄でしかない。彼らを阻止することはできない。墓は別として一部の野蛮な人々は、道ばたの大木だの、あまつさえ大岩だのに敬意を表して麻の布を巻きつけたりする。自然由来の治療薬を用いた医学的療法であるとか、イスラームの一部である黒石(6)の特例を除けば、石や樹木は崇めたり尊んだりするものではない。これについてはれっきとした確証がなされている。

注

（1）ナクシュバンディー教団はブハラ出身のバハーウッディーン・ナクシュバンド（一三一八―八九年）により中央アジアにおいて創始され、ティムールの軍勢と共に小アジアへ伝播した。スンニ派の正統教義に最も近しい教団のひとつである。

（2）この物語は複数の解説者によって語られているが、しかしクルアーンには存在しない。

（3）イブン・タイミーヤ（一三二八年没）は聖者崇拝を禁じる説法を唱え、その他にも、初期のスンナに加えられたありとあらゆる物事に反駁した。皮肉なことに彼自身の墓は、信仰に死した聖者であるからという理由をもって巡礼地となった。

（4）「ウマルは、旱魃の際にはアッバース・イブン・アブドゥルムッタリブの名において雨乞いの祈願を行ない、こう言ったものである。『神よ、我々はかつてわれらが預言者の名において雨を降らせてくれるよう祈りました。するとあなたは、雨を降らせたまいました。今、我々はわれらが預言者の叔父の名において祈ります。どうか雨を降らせて下さい』。すると彼らの上に、雨がもたらされた（Bukhārī, *Abwāb al-istisqā*）」

（5）墓所を通り過ぎるときには、死者の休息のためにクルアーンの第一スーラであるファーティハを暗唱するのが敬虔なる義務とされる。

（6）カアバの南東角には、地上から四―五フィートの高さの位置に黒石がはめ込まれている。これを目にしたヨーロッパ人たちは、黒石は変形オーバルの形をしており、最大幅は七インチ程度、複数の小石が隙間なく互いに接合して一塊を構成していると述べている。T. P. Hughes, *A Dictionary of Islam*（W. H. Allen & Co., 1885, reprinted by Luzac, 1935）, pp. 154–5 参照。P. K. Hitti, *History of the Arabs*（Macmillan, 1937）, P. 101 に、そのスケッチを見ることができる。

第十四章　ラガーイブ、ベラート、カドルなど、余剰の礼拝について（1）

ひとつ、ふたつ程度の例外を除いては、定められている以上の集団礼拝を事前に取り決めた上で実践するのは忌むべきことである。これについて法学者たちが法の規範書を通じて述べていることについては、周知されて然るべきであろう。

とは言うものの、預言者の昇天から三世紀が過ぎようとしていた頃には、イェルサレムではラガーイブの礼拝が行なわれ始めており、しかもそれは大衆には大評判であった。続いてベラートの礼拝、カドルの礼拝を集団で行なうことが慣例になり、そしてそれは慣例として残り続けている。これについてウラマーのうち何人かは、それらは逸脱であり、定めの範囲を超えた集団礼拝は忌むべき行ないであるとする反対の意見を表明した。だがすべては無駄に終わった。大衆の熱狂はますます増えるばかりであった。法学者の意見が求められ、年長者たちがファトワーを与えた。ある者はこの実践は承認されるものではないと断言し、またある者は「叩頭《こうとう》でも礼拝でも、彼らの好きなようにやらせておくがよい」(2)と発言した。

しかし慣習は大衆の見世物の側に味方した。そして法は慣習に対する敬意を命じており、かつどのような逸脱であろうが承認され得ない実践であろうが、それを無理に妨げようとすればある種の害が生じることを認めている。そのため大部分のファトワーは二つの害のうち、より小さい方を選ぶものとなった。常日頃から行政当局も、これらの礼拝を必ずしも強権的に抑止しようとはしなかった。あまりにも強権的にふるまえば、大衆も抑止されたままでいてはくれない。そこで彼らは、見て見ぬふりをしたのである。

だがこの問題においても世間の人々は熱狂に陥《おちい》り、真っ二つに党派が割れた。派閥のひとつは極端に一方向へ傾き、最も強い調子の、しかし雑な言説をもって、これらの礼拝は実践されるべきではない、と断じた。もうひとつの派閥は反対側の極に傾き、これらの礼拝は断固として実践されねばならない、と述べた。どちらの派閥も間違っていた。何故なら両方とも、平衡《へいこう》感覚を失っていたからである。

この問題に関する正しい選択、そして理にかなった道とは以下の通りである。すなわちこの礼拝を、実践するかしないかの間に優劣の差は存在しない。望む者は叩頭し、礼拝してかまわない。望まない者は夜の礼拝を自宅で実践するなり、定めの礼拝が行なわれている夜にのみモスクへ行くなり、定められている以上の礼拝が行なわれている夜を避けるなりすればよい。定められた以上の礼拝を行なう人々と共にいることに気づいたなら、そのまま共に礼拝すべきであって、その場を立ち去って会衆を後にするような愚行を犯すべきではない。これについてよく考えてみれば、叩頭するかしないかに関わらず、その場に留まり礼拝を行なうことの方が、その他の二つの選択、すなわち会衆に逆らってその場を立ち去るなり、その場に残るが礼拝には参加せず座ったままでいるなりといったふるまいよりも良いということが理解できるだろう。

さもなければ、熱狂で高ぶった感情が行動にうつされてしまう。自己保身と毒々しい敵意が、洞察力の目を覆《おお》ってしまう。明白な中庸の道が視界から消失した人間は極端に走る。だが本人にしてみれば、それは合理的な行為なのである。強情や傲慢は非難されてもそれは自業自得なのだということが、あわれな恥知らずには理解できない。そうして憎まれるべき者として人々の眼前に自らをさらけ出し、神に拒絶される者となるのである。ばかばかしい！

このような不快で不躾な事態が生じないよう、たった一度この夜を避けて自宅で礼拝をしたところで、きみにとりそれが一体どれほどの損失だというのか？　それとも何か、きみは全人生に渡って集団以外の礼拝はしたことがないとでもいうのか？　あるいはムスリム同胞たちとこうした礼拝を共にモスクで捧げれば、きみが不信仰の罪を犯したことになるとでもいうのか？　自らのあらゆる言葉や行為において、許されざるものを避けることにおいては、きみもまた注意深くあるべきだと私は考える。きみが正直に自らの態度を法と照らし合わせたなら、そこに大いなる食い違いがあることに気づくはずだ。「つまるところこうした講義から何を得るかといえば、それはわれわれ自身を知り、われわれ自身の不足を知ることである」とは、ガザーリーの『宗教諸学の復興』の講義において、きみの師であったカドゥザーデ・エフェンディが常々言っていた言葉である。彼のような師でさえこうした言葉をもって、隠し立てすることなく公正に自らの不足を告白している。だのになぜきみときたら、そんなにも尊大かつ自惚《うぬぼ》れていられるのか？[3]

　こうした礼拝の際には伝道者たちも、ただちに上述した通りの法の判定を参照すべきである。それこそ、モスクの管理者の責務である。過激主義者たちの思想を広めてはならない。人々を刺戟してはならず、またムハンマドの共同体の間に軋轢《あつれき》の種をまき散らさせてはならない。この問題については過度に繊細に扱うべきでも、また過度に粗雑に扱うべきでもない。何であれ、神への崇拝の形態をとっている習慣は禁じない方が良い。何故なら禁じればますます熱を帯びて継続するからである。いっそ実践を奨励する方向で行くのがいいかもしれない。その他の宗教的義務がそうであったのと同様に、人々はやがて飽きて徐々に捨て去るようになるだろう。平常時の礼拝には参加しないのに、こうした特別とされる夜の礼拝に限ってモスクに群がる人々を見ればわかる。禁止が情熱を煽るのである。

注

（1）ラガーイブ（Raghā'ib）とは、イスラーム暦（太陰暦）第七月のラジャブ月第一金曜日の前夜。預言者が懐胎された夜と信じられている。
ベラート（Berāt）とは、太陰暦第八月のシャアバーン月十四日目の夜。この夜に唱えられた祈りは、確実に受け入れられると信じられている。

カドル（Qadr）とは、「みいつの夜」と呼ばれる太陰暦第九月第二十七日目の夜。伝統的には、ムハンマドにクルアーンが啓示された最初の夜である。

（2）あらゆる崇拝の行為は、その実践に先立ち、明白に分かる形で意志の表明がなされねばならない。「叩頭」は、この場合は余剰の礼拝を自発的に実践するという意志の表れである。

（3）この率直に過ぎる部分については、明らかに特定の人物に向けられたものである。夜の礼拝の後で、会衆は余剰の礼拝を始めようというところでこれ見よがしにモスクを立ち去った道徳家気取りがいたのだろう。誰であったのかは不明である。

第十五章　握手について

元はといえば握手とは、出会いに敬意を表するために行なわれるスンナであった。貴き教友たち（彼らすべての上に、全能の神の御満悦あれ）は、お互いに出会えば握手を交わし、「神の赦しあれ、私にもあなたにも！」と言ったものである。こういった預言者の伝承は数多く存在する。お望みであれば、ナワウィーの『祈禱』[1]（*Adhkār*）を参考にされたい。まるまる一章、握手に関する伝承に捧げられている。のちになってこの習慣はすたれてしまい、人々は礼拝の後にのみこれ（握手）を行なうようになった。また大抵、もっぱら金曜礼拝の後に行なわれている。これは習慣と慣行に基づいた「ビドア（逸脱）」であったため、ある伝道者などはそれを異端的なシーア派の実践であるとして禁止した。ファトワーが請求されたが、その回答は以下の通りであった。いわく、異端的なシーア派の実践と定義されうるのは、毎日の五回の礼拝すべての後に行なわれる握手である。金曜礼拝の後に握手を交わすのは特例である。「ビドア」が根深くはびこっている場合は可能な限り妥協し、最小限に食い止めることによって人々を正す方が望ましい。

この件についても、節度を失うといった段階にまでは至らずともそれなりの議論が起こった。いくばくかの人々はこの実践を断念した。しかし大部分の人々は、特に祝日ともなれば、これを宗教的義務と考えている。

この場合、理にかなった中庸の道とは、金曜のモスクにおいて最初に握手を求める者であってはならない、ということである。しかし隣り合わせになった者に手を差し出されたなら、握り返す以外に何ができようか？　そうでもしなければ手を差し出した者は心を痛めるか、困惑するに違いない。いずれにせよ若干は、付き合いの悪さに対する不愉快な感情を抱くに違いない。信仰者の感情を傷つけることを考えれば、この「ビドア」の実践など大した問題ではない。そして握手を交わしたその瞬間から、この習慣に親しみをおぼえ、やがて自ら主導権をもって握手を交わすようになったとする――さりとて、そうしたところで彼が神に対する反逆者になるわけでもなければ罪人になるわけでもない。それは無害である。

祝日に握手を交わすことについて。誰かに出会って握手を交わすことはスンナである。それを祝日にのみ限定するのは習慣と慣行の問題であって、スンナとはいえない。しかしそれを言い出したらあらゆる行為のあらゆる側面が、スンナとはいえないことは諸君もご存知の通りである。

注

（1）伝承の集成である同書の題名は、正しくは『善良なる者の装飾と高潔なる者の特徴――祈りと祈禱の簡潔なまとめ』（*Hilyat al-abrār wa-shi'ar al-akhyār fī talkhīs al-da'awāt wa'l- adhkār*）という。著者はムフイッディーン・アブー・ザカリヤ・ヤフヤー・イブン・シャラフ・アル＝ナワウィー（一二三三―七七年）。

第十六章　お辞儀について

お辞儀、もしくは挨拶の様式として頭部と手を用いる動作について、これが「ビドア（逸脱）」であるという観点に基づく論争がある。他国や他の信仰に属する民は、それぞれに独特の挨拶の流儀を持っている。そしてそれがイスラームの及んだ地域の様々な階層における慣例となり、それがそれぞれの身分に応じて異なる挨拶の様式となった。本当のところ、イスラームの初期においては「サラーム（平安あれ）」という言葉が一般的な挨拶であった。しかし後になって、それぞれに異なった諸儀礼や慣例を持ったイスラームの君主による王朝が出現した。国家と地域と習慣の多様性は、預言者とその貴い教友たちの時代の、ありし日の姿をそのまま残してゆくには不利に作用した。彼らの間で実践されていたことのほとんどは忘れられた。それらをすべて模倣したり遵守したりすることは慣例に反することとなり、ゆえにそれらは伝承の書物の中で、言葉としてのみ生き存《なが》らえてきた。

たるんだ放縦《ほうじゅう》が、宗教的義務の遵守においてさえ許されるようになった。これは前代の民、前代の信仰にも当てはまる。今に至るまで、それが神の慣行である。預言者の民のうち、彼の実践のすべてを詳細に渡って最初から最後まで実践しえた者はこれまでにもただの一人として存在しなかった。造られては滅びさる現世においては、永遠不変のものはあり得ないのである。クルアーンの訓令「挨拶を受けたときは、もっと丁寧な挨拶をするか、せめて同程度の挨拶を返せ（四章八六節）」そのままに、預言者が生きておられた時代においては年端も行かぬ少年でさえ「アッサラームアライクム（あなたの上に平安あれ）」と言い、それに対して預言者も、「ワアライクムッサラーム・ワ・ラフマトゥッラーヒ・ワ・バラカートゥフ（あなたの上にも平安あれ、そして神の慈悲と祝福あれ）」と答えていたのである。最初の四人のカリフの時代には、すべての教友も一般のムスリムも、こうしたあり方に則《のっと》って互いに挨拶を交わしていた。その後イスラームの王侯の時代になって、独特の慣習が姿を見せるようになった。誰もかれもが異なる挨拶の仕方をするようになり、それがすっかり根づいてしまった。

現在、たとえばオスマン帝国においては、スルタンの前では挨拶として地面に接吻《せっぷん》したり、宗務や公務における上位の者、特にウラマーに対しては、上体を屈めてお辞儀をしたりするのが慣例となっている。下位にある者たちはといえば、「おはよう！」と互いに声をかけ合ったり、あるいは「神に愛されし者よ！」と言う者もあったりである。だがほとんどの者は、スンナに従って「サラーム！」と言う。

さて、こうした習慣はスンナに反するがゆえに捨て去らねばならないとの見地に立ち、人々に議論を挑み戦うのはまったく馬鹿げている。しばしば述べてきたことではあるが、人間の習慣を変えるのは難しいことだからである。この種の問題においては、そこに公衆にとっての害や、あるいは秩序のびん乱が存在するか否かを見極めねばならない。

まず第一の例というのは、慎みぶかい人々が自分たちの上司なり、為政者なり何なりに対し、地面に接吻することによって敬意を表するというのがその内実である。そこへ誰かがしゃしゃり出てきて不毛な信心を盾に大騒ぎし、「おまえはたった今、不信仰の者になり下がった、おまえは災禍の元凶だ！」などと言い立てる。言われた方の者は、あわれにも恥の大やけどを負わされる。どちらが異教徒でどちらが災禍の元凶か、改めて問い直すまでもない。不信仰なるものが成立するのに不可欠な前提条件とは、造られたものを崇拝するという意図をもって「七つの仲間たちと共に[1]」、「神に栄光あれ」と三度唱えるに十分な時間をもって跪拝《きはい》することである。「敬礼としての跪拝」は、前代においては合法とされていたが、しかしイスラームの下においては廃止された。誰であれ地面に接吻する者は、あまり長い時間をそのために割くべきではない、というのが方法としては明白である。ここに不信仰と災禍の含まれる余地などあるだろうか？　せいぜいが、地面に接吻したり膝を屈したり、お辞儀をしたりといった挨拶としては異なる表現であるというのがスンナに反しているというくらいで、習慣と慣例に対する違背にはあたらないとの理由から、いたって許容されるものである。上位にある者の前に立たされてただ「アッサラームアライクム！」とだけ言い放つというのは、一般的には無礼とみなされうる態度である。それゆえ人々は習慣に従い、礼儀正しく丁寧なふるまいの諸規則に従っているのである。

ゆえに学徒は師の前に立ったなら、上体を傾けてお辞儀をするか、それが出来ないなら口を閉ざしているべきなのである。近頃では単に「平安あれ」とだけ言う挨拶が、階級や年齢の平等のしるしとなっている。だがそれにより昨今では下位と上位の序が乱れ、礼節の慣習は守られず、師が公然と侮辱されるようになった。

「正しきを命じ、悪を禁じる」勧善懲悪を実践せんとする学者諸氏におかれては、こういった繊細なる真理についても知りおいて頂かねばなるまい。諸氏は慣れ親しんだ道から人々を引き離そうと、無駄に時間を費やすべきではない。一回くらいなら、自らの主張を申し述べるのも結構なことである。だが無知の罪を暴くにはそれで十分である。それで効果がないようなら、更なる苦言を呈するのは無駄なざれごとであり、そこには何の利も益もない。

注

（1）本書「はじめに」の「二　イスラーム的背景について」参照。

第十七章　正しきを命じ、誤りを禁じること（勧善懲悪）について[1]

イスラームのウラマーたちの意見は割れており、ある者はこれを絶対的な義務だと言い、またある者はそうではないと言う。しかし実のところ、これは全くもって時と場合による。義務や禁止に関する問題についてなら、これは義務となる。単に承認されていないか、推奨に関する問題についてであれば、これは推奨となる。故イマーム・サイフッディーン・アル＝アーミディーは著書『思考の第一の果実』[2]（*Abkār al-afkār*）において、義務としてなすべき際におけるこの行為の、七つの規則に言及している。偉大なる学者アドゥドゥッディーン・アル＝イージーの著書『見解』（*Mawāqif*）にも、またサイイド・シャリーフ・アル＝ジュルジャーニーの後期の解説書にも同様の言及がある。後者の両名はこのうち二つの規則について、他の全てに優先するものとして特別な扱いをしている。

第一の規則。禁令を発する者もこれを受け取る者も、そのどちらもが責任能力者――分別のつく年齢に達しており、完全に聖法の対象となる者（能力者）――であり、会話の理解が可能な者でなくてはならない。

第二の規則。禁令を発する者は、自分の命じているものごとが実際に正しく、また禁じているものごとが実際に間違っていることを知っていなければならないが、彼自身はそれに応じて行為する必要はなく、また品行方正である必要もない。例えば放蕩《ほうとう》にうつつを抜かして飲酒にふける者が、他の者には飲酒を禁じるとする。彼にとり飲酒の禁止は義務であるが、他の者に飲酒の禁止を告げるのも義務である。義務のひとつを放棄したとしても、その他の義務まで放棄する必要はない。義務のひとつを回避することと、その他の義務を遂行することとは両立する。もちろん、どちらの義務も遂行すれば彼は尊敬を受けるであろうし、彼の言葉の説得力も増すだろうことは言うまでもない。以下の規則と諸条件にあてはまるようなら、そうであることが義務となる。

第三の規則。命じる際には義務とされるものごとを命じ、禁じる際には禁止されているものごとを禁じるのでなければならない。それ以外のものごとを命じたり禁じたりするのは、すでに述べた通り義務ではない。

第四の規則。例えば礼拝の義務、葡萄酒の禁止などと同様に、命令の対象となるものごとの絶対的な性質が確実に明白にされていなければならない。そうでないなら、それは単に意見を述べたに過ぎない。

第五の規則。命じたり禁じたりできる能力者が自分の他に誰もいない、という者があってはならない。その場合、これは個人の義務を通り越して共同体の連帯責任となる。あらゆる地区に能力者がひとりいればそれで十分である。しかしながら、(その他の諸条件が満たされていることを前提として)過ちがなされたのを見た際には「他の誰かがやるだろう」と言って素通りしてはいけない。何故なら、他の誰かがその過ちに気づくとは限らないからである。

第六の規則、かつ他のすべてに優先する規則その一。もしも正しきを命じ悪を禁じようとするなら、それによって正義が達成され邪悪が減じるであろうという合理的な予測があっての上でなければならない。すなわち(勧善懲悪の実践が)人々を頑迷な執着に追いやるよう刺戟したり、平穏を打破させるべく煽動したりするようであってはならない。そうした事態が起こるようなら、命令や禁止の義務はない。(勧善懲悪の)実践が称賛に値しうるのは、信仰の基本的な原則の実践という目的に沿って、秩序の撹乱《かくらん》という害が生じないという条件に従い、口論や敵対を招くことなしに成し遂げられた場合のみである。

第七の規則、かつ他のすべてに優先する規則その二。厳しい尋問や詮索は御法度である。つまり、絶対に、こそこそと見張ったり、覗いたりしてまでこれ（勧善懲悪）を行なってはならない。覗き見の意味するところとは、ものごとを暴いて穢《けが》らわしい中傷を行なうためなら労を惜しまない、ということであって、これは禁止された行為である。全能の神は、敬われるべきその書物において「互いをさぐりあってはならない（四九章一二節）」と告げ、また「醜聞が広がるのを好む人々（二四章一九節）」についても語っておられる。伝承において預言者（神よ、彼に祝福と平安を与えたまえ）いわく、「自らの兄弟の恥を暴きたてる者があれば、神はその者の恥を暴きたてたもう」。また別の伝承において、いわく「ある種の堕落に手を染めた者があるならば隠しておけ、神もそれを隠してくださるだろう。もしその者が自ら秘密の罪を明かすならば、神の命じるところに従い彼を罰そう(3)」

悪行は詮索せずにこれを隠し、親切と寛容をもって遇するよう命じる。それこそが、彼の気高き習慣だったのである。小うるさい中傷に煩《わずら》わされるのは、彼にとっては耐え難いことであった。彼は「悪行の暴露は非常に不快であると知れ、ゆえにそれを隠し通せ」と言い、また「中傷混じりの訴えを耳にしたなら、『あるいは』とか『おそらく』といった弁解を用いて、それを包み隠せ」とも言っている。

以上が、正しきを命じて悪を禁じるという義務を遂行する際に、満たされるべき規則と条件である。これらのうちどれかひとつでも欠けているようなら、それは義務ではなく嗜好の問題である。人々が争い合う危険が若干なりとも存在するならば、これを行なわずにおくべきであり、その場合は無言による不同意を示せばそれで十分である。

さて、これでわれわれにも「自分たちは勧善懲悪を行なっているのだ」と主張する者たちが、どれほど傲慢であるかが分かった。最も高貴なる預言者は、ご自身の共同体には親切に、そして優しく接したものである。それを後からやってきた傲慢な者たちときたら、預言者の名誉を汚すことには目もくれず、ささいな理由で共同体の仲間に対し、ある者は不信仰者、また別の者は冒瀆者、また別の者は異端者という具合に決めつけてかかり、神を畏れることも無ければ預言者の前に恥じいることもしない。彼らは人々を嘆かわしい熱狂の状態に仕向け、軋轢《あつれき》を引き起こす。一般の大衆は上記の規則や条件をまったく弁えておらず、どのような場合においても勧善懲悪は義務であると思い込んで口喧嘩にはげみ、互いに譲り合おうともしない。石のごとき愚かさをもって彼らがいそしむ根拠なき論争は、時として流血沙汰に発展する。ムスリム同士の戦いと争いのほとんどは、これが原因となって生じている。

注

(1) この原則の典拠については、クルアーン三章一〇四節を参照。

(2) 神学の書『思考の第一の果実』(*Abkār al-afkār*) の著者アブル＝ハサン・アリー・イブン・サイフッディ

ーン・アル＝アーミディーは元来ハンバリー学派であったが、のちにシャーフィイーに転向した。一二三三年、ダマスカスにて没。

（3）　これらの言葉は、姦通を自白した者たちに対する鞭打ちを命じた後で預言者によって語られたものである。

第十八章　アブラハムの宗教（ミッラ）

ミッラ（宗教共同体）、宗教、そしてシャリーアをめぐる見解について考察するならば、――それらの間には区別があるとはいうものの――、それらが偉大なる預言者たち、解明の保有者たちの中のある一人によって、共同体にもたらされた諸概念に帰《き》されるものであるという点を踏まえておかねばならない。人はこれこれしかじかの預言者の宗教、あるいは信仰、あるいは啓示の法、という具合に語る。すべての預言者は、神の唯一性において一致している。根源に相違はない。相違は枝葉に現れる。

イスラームの信仰と宗教は、根源においても、また枝葉の大部分においてもアブラハムの信仰と宗教に一致しており、それゆえに諸々の用語も連動するようになった。われわれの時代においては、偉大なウラマーの中でも尊敬を集めるある学者に対し、「ムハンマドの共同体に属する者が『自分はアブラハムの宗教に属している』と述べることは許されるか」という問いかけがなされている。

彼は、それは許されていないと回答した。彼はこの問題について、神学書やクルアーン解釈書からの引用と共に、詳細かつ包括的な論文を執筆した。その他の学者たちは、それらを論駁《ろんばく》するための論文を執筆した。及ばずながら筆者も、本主題について三編の随筆を書いた。第一の論では、反論されたその学者の見解を要約した。第二の論では、それに対する反論をまとめた。そして第三の論はその結論である。

第一の論。まず、ある学者は彼の論文において、自らの見解を以下のように述べている。法学書には、啓示法の規範に対する前代の人々にありうる三つの態度への言及がある。いわく、

（1）それが廃止されたのでない限り、以前の預言者の法は有効である。ゆえにわれわれは以前の預言者の法に従うべきである。

（2）それが今も有効であると証明されたのでない限り、われわれは以前の預言者の法に従う必要はない。

（3）われわれは以前の預言者の法に従うべきだが、それは「私たちの預言者の法」であるからこそうすべきなのであって、「以前の預言者の法」だからではない。ある法がある預言者に属すると宣言しているのは祝福のいと高き神、または預言者（神よ、彼に祝福と平安を与えたまえ）その人自身であるが、しかしその宣言は廃止を意図したものではないのである。

イスラームが誇る学者アル＝バズダウィーが、その著書『根本』(1)（*Usūl*）において「われわれの

見解においては、これぞあるべき正しい態度である」として言及している論がある。実際のところ、神学書において一般的に選ばれているのもこの態度であり、様々な論理的議論もこれを支持した上でなされている。以下もそうした議論のひとつに相当する。すなわち、神の使徒たるムハンマドは法の美徳の編纂者である。彼は過去の（預言者たちの）後継者である。以前の人々の諸啓典と諸法は、遺産として彼と、彼に従う人々に引き継がれた。廃止されていない事柄については、われわれの預言者の法と宗教として取り入れられるべきである。遺産として引き継がれた法と宗教は、かつてはその相続者たちに属し、相続者たちの所有とみなされていた。しかし今や、それらは後継者の所有となったのである。それらは相続者の所有とは認められない。なぜなら彼らは、（その遺産に）ほとんど関心を示していないからである。

ここで言われている「法」というのが、アブラハムの宗教である。それはかつて彼の所有であった。それは真理であり、今もなお有効である。それはムハンマドに引き継がれて彼の所有となった。そしてアブラハム（彼の上に平安あれ）はこれについて、それ以上の利害を持たない。

以上が、『除幕の書』（*Kashf al-astar*）の著者でもある解釈者バズダウィーや、『確証』（*Taqrīr*）の著者アクマルッディーン(2)が詳細に論じている議論である。また『解釈』（*Tanadīh*）その他の神学書においても、この議論の要約がなされている。

結論として、偉大な学者バイダーウィーやエブッスウード＝エフェンディは、クルアーンの章句「故に、アブラハムの宗教に従え（三章九五節）」の注解において「アブラハムの宗教に起源を持つイスラームの宗教に従え」という意味である、と解説している。つまり、誰であれ「私はアブラハムの宗教に属している」と言うことは許されていない。何故ならその発言は外面上、「宗教」が未だアブラハムのそれであることを意味し、故にその行為も彼に関連づけられた「宗教」に基づいている、という意義を持つからである。そして誰かがこのように発言すれば、理論的には「宗教」は、ムハンマドその人ではなくアブラハムに属するということになり、ムハンマドもわれわれ全員も、アブラハムに従うアブラハムの共同体ということになってしまう。一般の人々が、こうした言葉を語るのは許されることではない。選ばれし少数の者が、ムハンマドの宗教の起源はアブラハムの宗教にある、と発言するのはまだ許される。しかしその人の行為の原点となる宗教は、アブラハムではなくムハンマドのそれであるべきである。だが言葉の外面上の意味を教義として引き合いに出すべきではないし、それには但し書きが必須となる。理解力を持つ者に聞かせるならまだしも、そうした少数の者に大勢の前で語らせるべきではない。さもなければ大多数の者は、自分たちが耳にした外面上の言葉の意味を取り違え、教義としてあちこちで受け売りし始めるだろう。要するに、あらゆる言葉は文字通りにしか受け取られないのである。外面的な感覚で教義として受け取られてはまずい意味を有する言葉を発するのは許されることではない。まずは教義として許容可能な形式に整えねばならない。

次に自説を補強し、予測されるあらゆる異議と疑念を解体するためにも、趣旨の良く知られた様々な論理的議論を例証として提示し、解説する。細部まで詳しく描写する必要はないが、論証として参照する諸原則の中にはいくつか注目すべき要点がある。

（1）「イマームたちの太陽」[3]が述べている通り、ムハンマドの法こそが法の中の法、諸法の原理であることのしるしは、章句「神が預言者たちと契約を結びたもうたときのこと（三章八一節）」[4]に見出せる。契約が結ばれたという事実の開示は、以前の預言者たちはムハンマドの下位にあり、彼の共同体に属する者と位置づけられることを確認するものである。ゆえにムハンマドが誰か以前の預言者の法の対象とされるのは正しいはずがない。何故なら（そのような理解では）、彼が下位の者として誰か別の預言者の共同体に属するということになり、それは使徒としての位置づけを減じるものである。今やムハンマドこそはその預言者性と法において筆頭にあり、その他はすべて次点なのである。以上が『除幕』の著者による詳細な議論の方向性であり、また『確約』でも、これと同様の議論が要約されている。

（2）章句「人々の中でアブラハムに最も近い者は、彼のあとに従った者、この預言者、信仰ある人々である（三章六八節）」について、尊敬を集めた師カーズィルーニー[5]は、「預言者ムハンマドは本来的に法の制定者である。すなわち他の誰からも独立しており、それでいながら彼の法は、アブラハムのそれと最も詳細な部分に至るまで一致している。彼の完全なる独立性は、『もしもモーセが生きていたなら、私に従わざるをえなかったであろう』という伝承によって証明されている」と述べている。

（3）人々が疑念を抱いている議論についての説明。

「それでわれらは汝らに啓示を下した、ハニーフ、[6]純正なる人――であるアブラハムの宗教に従え、と（一六章一二三節）」。「言え、『神は真実を告げたもう。それゆえ、純正なる人アブラハムの宗教に従え』（三章八四節）」。これらの章句を見る限りでは、われわれがアブラハムの宗教に続いたとしても許されるかのように伺えるかもしれない。だが正解はこうである。いったい何の後に続けと命じられているのかというと、根源においてはアブラハムの宗教でもあるイスラームの宗教に従え、と命じられているのである。故サアディー・エフェンディ[7]は次のように述べている。『「われらは汝らに啓示を下した、云々」の言葉が明示しているのは、選ばれしムハンマドはアブラハムに従うよう命じられたのではなく、アブラハムの宗教に従うよう命じられたのだという点である。だがムハンマドは、むしろアブラハムが採ったのと同じ源泉から宗教を採った。ゆえにムハンマドは独立しているのである」。いくつかの神学書には、サアディー・エフェンディの言葉を要約するものとして以下の解説が掲げられている。すなわちこの章句は、人は宗教に沿って行なわねばならないということを意味している。法はわれらの預言者に属しており、また彼はそれを直接に手にしたのであって、「従う」という言葉は下位にまわるということを意味しない。

（4）偉大なるサアドッディーン・タフタザーニーは、「それゆえ、汝は彼らの導きに倣え（六章九〇節）」の解説の傍注として以下の通り記している。「宗教をアブラハムと関連づけることの意図とは、アブラハムに敬意を表し、またこの宗教が真実であり、合理的かつ伝統的なもののしるしとも一致している旨を宣言することにある。しかしながらアブラハムの宗教に従う義務とは、彼の宗教に重きを置くことに由来するものではない」

上記に関連して、偉大なるイサームッディーン(8)は以下の通り述べている。「この章句は、先祖を模倣する偶像崇拝者を暗示するものである。その意味とは、人は異教の祖先ではなく預言者たちに従うべきであるというものである。預言者たちに従う人は、自らの異教の祖先に対する盲信を捨て去り、理性と啓示に基づいて真理を確立するよう探求するものである」

（5）ユダヤ教徒もキリスト教徒も異教のアラブも、アブラハムの宗教にはまったく反している。それでいて、自分たちはアブラハムとアブラハムの信仰に繋がりを持っているというのが、彼らにとっては今でも大きな自慢の種である。その宗教に従えとの命令が、章句の中に含まれているということは、中にはとりわけ、この命令に従う必要のある人々が存在するからだとも考えられよう。その人々というのが自称「アブラハムに属する者」たちである。あるいは、彼こそは一神教の信仰者たちの長《おさ》であり、この宗教の起源であると主張する者たち。あるいは、この宗教は新興宗教ではなく、それは古代より連綿と続いてきたなじみ深いものであると主張する者たち。それぞれが属する時代ゆえに、二つの宗教は対立しているかのように見えるかもしれない。だが実際には、何の対立も存在しない。いずれの命令も、それが属した時代における真実であり、そのどちらもが有効である。

（6）アブラハムの宗教に従え、との命令は、虚偽の信条からはほど遠く真実に基づいており、何の困難も苦労もないイスラームの宗教に従え、との勧めであるとも考えられる。それは「しかも、この宗教の中ではおまえたちには何の困難も課したまわなかった。それがすなわち、おまえたちの父アブラハムの宗教である（二二章七八節）」という章句において説かれている通りである。つまり主は、われわれの信仰をたっぷりと豊かなものとしたもう。ハニーフとは、間違った信条に背を向けて真実にしっかりと基づく人を意味する。アブラハムの宗教が容易であり、何の困難も苦労もないのは、まさしくイスラームと同じである。

（7）「信仰」、「宗教」、「聖法」の意味について。今は亡きビルギヴィー・エフェンディ[9]は、アル＝ザッジャージュ[10]の後を追うかたちで、その論文の中でこう述べている。「『宗教』と『信仰』はひとつであり、すなわち全能の神からムハンマドが運んできた確信に関するものがそれである。『聖法』とは、彼が運んできた実践に関するものである」。そうしたわけでわれわれの宗教はアブラハムのそれであると言うのは許されており、何故なら確信に関する問題については預言者たちは一致しているからである。しかしながら、これは一般の人々の考え方とは異なっている。

イマーム・ラーギブは以下のように言う。「ミッラ（milla）という語はアラビア語のamallaに由来しており、書物を口述させる、口授するという意味である。[11] これが、神が預言者の口を通じてしもべたちに広めたものごとにつけられた名である。考えるに『宗教』もこれと似ている。『宗教』とは、人類に対する神の召喚であり、また書物の啓示を指す。『信仰』とは、神の召喚に対する人類の反応と服従を指している」。ここからわれわれは、これら三つの語は基本的にはひとつであるものの、精確にはそれぞれ異なるものを指しているのを理解する。

カーディー・バイダーウィーも、「汝が彼らの宗教に従わぬかぎり（二章一二〇節）」という語句についての解説の中で、上述の認識に言及している。その他の解説書や注釈書の著者たちは、「宗教」「信仰」「聖法」は基本的にはひとつのものであると述べる。これらはすべて神が預言者の口を通して定めたものから成り立っている。ある者は、これらをまとめて「神の法令」と定義する。これらは適用のされ方に違いがある。「宗教」は預言者からの共同体への規定であり、「信仰」は全能の神への服従の状態を指し、シャリーアすなわち「聖法」（シャリーア、語源的には「道」に由来する）とは、渇いた者に下された、神の慈悲という涼やかな水流へと至る道である。

そのようなわけで総合的な宗教の概念には、信仰と実践が含まれていなければならない。宗教と信仰の説明については、上述において引用したクルアーンの章句の通り、実践が必ず含まれているが困難とは無縁であり、なぜなら「困難」は信仰に関連づけて理解されるものではないからである。

『大理解』（*Fiqh akbar*）によれば、「宗教とは信仰、イスラーム、それに聖法が命じるあらゆるものを包含する名詞である[12]」。信仰と実践をこのように理解するならば、質問の余地はない。ずいぶんと長くなったが、これで問題の結着とする。

第二の論。反論の論文の要約。

アラビア語で書いたこの論文は、内容も構成も迫力に欠けている。冒頭は二、三行、シェイヒュル・イスラームに宛てたという趣旨の雑な概略から始まるのだが、節度を超えた論駁や逸脱のおびただしさを見るにつけ、私には、この部分は省略するのが望ましいのではないかと思われた。それが終わると本文だが、これが宗教と信仰に関するクルアーンの章句と伝承の無味乾燥な切り貼りで、しかもそれにいちいち薄っぺらな解釈が加えられる。こんなものからうわべばかりの結論を出し、所与の学者たちの議論が何であったのか、それが何に基づいていたのか、そして何が論駁可能なのかを理解もせず、解釈者たちや神学者たちの言葉にひとかけらの敬意も尊敬も示さないとは大した度胸である。

彼のくどくどしい支離滅裂ぶりのひとつがこれである。「宗教をアブラハムに帰せず。これを否定する者は、かの栄誉ある人物に対する背信と不敬の行為を犯すものであり、よって有罪である」。どこかの学者がこの論文の余白に、その反証を書き加えている。「宗教は、かつてはアブラハムの上に築かれたものであった。こう述べた場合、出所は極めて明快となる。それを『否定』と断ずるこの論は、虚偽であり虚構である」

この応酬の書き手が誰であるにせよ、しかしながらこの返答では、その後に示されるシェイフ・ムージブの三つの命題への回答にはなっていない。いわく、「私の結論は三点に要約される。すなわち（1）アブラハムの宗教に属するというのはムハンマドの宗教の外側にいることを意味し、よって不信仰者である、と彼らは言う。（2）もしもムハンマドがアブラハムの宗教に従う者であったとすれば、彼は神の使徒ではなくアブラハムの使徒ということになる。よって預言者はアブラハムの宗教に従う者であると述べるものは不信仰者である、と彼らは言う。（3）アブラハムに宗教を帰することは許されておらず、何故なら宗教におけるアブラハムの権益はすでに断たれており、ムハンマドが彼の相続者になったからだ、と彼らは言う」

これら三つの結論によって彼は自らの論の趣旨を損ねており、しかも、――神よ、ご加護を！――この三つは互いに矛盾している。三番めについて、彼は以下のように述べている。「宗教を相続にたとえるのは誤りである。アブラハムの宗教がムハンマドの宗教になるなど、彼がウラマーの一人であったのでもない限り不可能である。何故ならウラマーこそは預言者たちの後継者だからである。彼らの遺産は宗教であり、彼らは自らの属する預言者からそれを相続する。それを彼らの遺産と呼ぶことが許されるならば、その宗教はムハンマドの宗教ではあり得ず、従ってこの比喩は不合理となる」。この体たらく。これが彼の言うところの「論理」である。

まず第一に、彼の「三つの結論」のうち最初の二つは完全に創作である。これは論の本文によって正当化されるものではない。次に三つめ、誤った比喩であるとする彼の断定だが、そもそもその前提が誤っている。間違っているのは彼自身の比喩である。預言者について主張されているのはその独立性であるが、伝統的権威に服するウラマーについてはそのような主張はなされない。

預言者が宗教を相続するとは、「ついでわれらは、しもべの中から選び出した者に啓典を継がせよう（三五章三二節）」という語の意味合いにおいてである。しかもそれはウラマーたちの地位を、預言者の後継と匹敵させるようなものでは一切、断じてない。

要するに、シェイフ・ムウジブには弁証法の能力も視野も欠けており、彼の言葉にいくばくかでも意味を見出そうなどというのは無駄でしかない。ここで多くの議論を重ねておいたのは、万が一にも理解力の乏しい者が、偶然この主題に関するこの論文に出くわして、彼の論旨を基準にものごとを判断するようなことがないように、と考えてのことである。

第三の論、かつ議論のまとめ。

預言者の役割についてはしばし置いておくとして、人間性の中には支配から個人主義、そして独立へと向かう自然な傾向が存在する。これは生来的なものであって、文明という神の意図に従い、人類のために造られたものである。例えば遊んでいる最中の子どもたちは、お互いを支配しようとする傾向を示す。これは誰もが認めるところであり、否定しようのない事実である。ここから、いくつになろうが何であろうが、置かれた場所や階層に応じて、自分ひとりだけで支配し独立していたい、という人間の願望があからさまに見てとれる。階層や階級が高くなればなるほど、自らの地位を偉大なものと見なすようになり、周囲にいる同時代の人々に従ったり、同等に扱われたりするのを恥辱とみなすようになる。

これは何も世俗に限った問題ではなく、宗教的指導者の間においてもまた、同じように一般的に広まっている。例えば世俗に関していえば為政者たちが、独立自主の原則をめぐるありとあらゆる類いの要求を突きつけ、戦争に持ち込んだり口論を仕掛けたりして戦っている様子は、どの時代においても見られることである。これが宗教の場合だと、同時代に二人のシェイフがおり、それぞれがその道に従う者であり、精神的にも完成していることとなると、互いに互いの下位に置かれるのを回避しようとし始める。ちょうどメヴラーナ・アブドゥルガフールが著書『モッラー・ジャーミー伝』に記した通りである。階梯を同じくする学者二人というのは、常に敵対し合い戦っている。生来的な特質ゆえである。

こと人間に関する問題である限り、これらの事例は預言者たちの事情にもあてはまる。更に彼らの階梯が、その他すべての人間の階梯を優越しているとは言うものの、その素晴らしき一群の中にでさえ様々な階級があるという点には留意せねばならない。特に超一級の預言者二名の場合ともなれば、星に恵まれし壮麗なるスルタン二名を比較して甲乙をつけるとするなら、どちらが先でどちらが後かは類推をもって判断されよう。

より詳しく言うなれば、世界の栄光、預言者たちの封印であるわれわれの預言者こそ、その他すべての預言者にも優る。彼は以前の預言者たちに与えられるべきもの全てを与えた。彼自身の言葉をもって、彼らの美徳を述べ伝えた。その上で彼自身の階梯については、その独立性において他に類のないものであるという自らの裁定を、以下の言葉をもって知らしめている。「モーセが生きていたなら、私の後に続かざるを得なかったであろう」。この裁定を心に留め、それを遵守することが彼の共同体には義務として課されている。確かに以前の預言者の共同体も、それぞれ自らの預言者こそ最高と考え、他の誰よりも優れていると見なしていたとも思われるが、しかしムハンマドはその他すべての偉大なる預言者よりも優れているというのが、ムスリムにとって正しい信仰のあり方である。そしてこれこそが、この議論の核心なのである。この教義を保持し確立するために、解釈者も神学者も、アブラハムへの従属を意味する啓典の言葉をあるがままにとらえ、これを解釈し、解説してきたのである。その上で彼らが到達したのが以下の論法である。「イスラームの宗教は、当初はアブラハムの宗教であった。この宗教に従うことは、アブラハムに従うことを意味しない」

最初の論文において、これらの証明と議論を関連づけている。議論の原則に従えば、他人の議論どうしを関連づける者が論破されることはない。できることと言えば、記述の裏付けを求めることくらいである。一方でそれに対する論駁と反証は、討論や議論の原則に適っておらず、秩序なき支離滅裂のかたまりである。この主題に関していえば、彼に注目する必要はない。

さて、たとえイスラームの宗教がアブラハムの宗教と同一であったとしても、これらが二人の異なった超一級の預言者にそれぞれ属している限り、これらの間には差異はあれども統一はない。しかもこれらは同一ではない。原則はともかくとしても、二次的な事柄においては多くの点で異なっている。

結論として、創始者の違いにより、もしも誰かしら「私はムハンマドの宗教ではなく、アブラハムの宗教に属します」と言う者があれば、その立ち位置は明白である。しかし簡潔に、「私はアブラハムの宗教に属します」とのみ言うことが人々の間に広まり、それが一般の習慣になっている。いくら論文を大量に書こうが、体制がこの表現の使用を禁じようが、無駄なことである。それでも、人はその表現を口にし続けるだろう。そして口にし続けながらも、その表現に「ムハンマドの宗教ではなく」、といった悪しき過ちを付け加えようなどとは、決して思ってもいないだろう。そうしたわけでわれわれは、この表現を良識の範囲でとらえねばならない。そしてその意味については、「起源に敬意を払うならば、私たちはアブラハムの宗教に属していると言える」と解釈すべきである。

「否、その言葉は間違っている。これらの起源を知る教養ある者であればそう言っても構わないが、しかし一般人はそうすべきではない」などと断定すれば、困難の強制を意味することになろう。いずれにしても、どうせ誰も気にはしない。無駄に他人をいら立たせ、刺戟し、口論に発展するだけである。

これが問題の諸事実である。この表現の起源について書かれた長たらしい本稿とその議論が、学問ならびに神学、法学の観点からは受容可能であり不適切なものではないことは、理解力ある有能な者には十分に伝わるであろう。これをもって議論を終える。本主題については以上である。

注

（1）アリー・イブン＝ムハンマド・アル＝バズダウィーはハナフィー学派の神学者。一〇八九年サマルカンド没。著作『根本』（*Uṣūl*）はその緻密さ、深遠さによってことに有名である。それ以外の彼の著作には、後述のクルアーンの注釈書『除幕の書』（*Kashf al-astār*）がある。

（2）アクマルッディーン・ムハンマド・イブン＝マフムード・アル＝バーブルティーはバズダウィーの『根本』（*Uṣūl*）を解説した『確証』（*al-Taqrīr*）の著者。一三八四年没。

（3）「イマームたちの太陽」、シャムス・アル＝アーイマ・アブゥル・カーシム・イスマーイル・イブン・アル＝フサイン・アル＝バイハキー（九四〇―一〇一一年）は、ハナフィー学派の法学や伝承に関する著述家。

（4）該当する章句（八一節）は以下の通り。「アッラーが預言者たちと約束された時、かれは仰せられた、『われは啓典と英知とをあなたがたに授ける。その後で、あなたがたが持つ啓典を実証するため、一人の使徒があなたがたのところに来るであろう。その時は、あなたがたは彼を信じ、彼を助けなさい』。かれは仰せられた、『あなたがたはこれを承知するか。このことについて、われと固い約束をするか』。彼らは申し上げた、『承知しました』。かれは仰せられた、『それならあなたがたは証言しなさい。われもあなたがたと共に立証しよう』と」

（5）ヌールッディーン・アフマド・イブン・ムハンマド・イブン・ヒドゥル・アル＝カーズィルーニー、フアルス（ペルシャ）生まれ。七九八／一三九五―六以降没。*al-Sirāt al-mustaqīm li-tibyān al-Qur'ān al-kerīm* と題されたクルアーン注釈書を執筆した。

（6）ハニーフ（Hanīf）とは、未だ謎の多い語である。クルアーンにおいてはイスラーム以前の、非ユダヤ教徒・非キリスト教徒の一神教徒を指す意味で用いられている。詳論については N. A. Faris と Harold W. Glidden による The Development of the Meaning of Koranic *Hanīf*（*Journal of the Palestine Oriental Society*, Vol. XIX, 1939 掲載）を参照。左記の論文においては、この語は「ナバテア語方言に由来するに違いないと考えられる。部分的にギリシャ化したシリア＝アラブ系宗教の分派の信者を意味する」と結論づけられている。

（7）おそらく、バイダーウィーのクルアーン解釈に注釈を施し、一五三四―三九年にシェイヒュル・イスラームを務めていたサアドッラー・サアディー・チェレビーを指す。

（8）イサームッディーン・イブラーヒーム・イブン・ムハンマド・イブン・アラブシャー・アル＝イスファラーイニー（一五三七年サマルカンド没）は、ハナフィー学派の神学者、論理学者、文法学者。

（9）ビルギヴィー・メフメト・エフェンディについては本書「第二十章」を参照。

（10）イブラーヒーム・イブン・アル＝サーリー・アル＝ザッジャージュはバスラの文法学者。九二三年没。

（11）アブゥル・カーシム・フサイン・イブン・ムハンマド（一一〇八年没）。ラーギブ・アル＝イスファハーニーの名で知られる。『クルアーンの語彙の特異性』（*Mufradāt alfāzal-Qur'ān*）の著者。

該当の語源論は謬説である。ミッラ（milla）はアラム語またはシリア語からの借用。Arthur Jeffery, *The Foreign Vocabulary of the Koran*（Baroda, 1938）, pp. 268–9 参照。

（12）『大理解』（*Fiqh akbar*）二巻十八章からの引用。これについては、本書「第八章」の注6を参照。

第十九章　賄賂について

最近の学者の中では、称賛に値するかの法学者、故イブン・ナジュム・アル゠ミスリーが、この主題に関する論文を書いて大好評を博している。現在、賄賂《わいろ》のやり取りは世間に大いに広まっている風潮であり、筆者もここにその論文の抄訳を載せておく。

賄賂の正確な定義は、有利な評決やその他の希望するものを確保するべく、裁判官またはその他の人物に、何であれ供与《きょうよ》するものを指す。アブー・ナスル・アル゠バグダーディーが、『クドゥーリー注釈』[1]（*Qudūrī*）の中で賄賂と贈答の区別を示している。「賄賂とは、援助を得るために与えられるものを指す。こうした条件は、贈答には存在しない」

さて、賄賂は啓典とスンナによって禁止されている。啓典には以下の章句がある。「おまえたち、むだなことで自分の財産を使い果たしてはならない。また、知りつつ不当に人の財産の一部を食おうとして、裁判官に贈賄《ぞうわい》してはならない（二章一八八節）」。スンナについては、この件に関して以下の伝承がある。「神は賄賂を与える者と受け取る者を呪いたもう」。また、「神の呪いは賄賂を与える者、受け取る者、橋渡しする者の上にある」

賄賂にはいくつかの種類がある。また別の法学者イマーム・カーディーハーン(2)は、著書『ファトワー集成』(*Fatāwā*)の法廷の項において、以下の通り四種類あるとしている。

(1)どちらの側の者にも禁じられているもの。例えば、賄賂を払うことで地位を得た裁判官は裁判官たり得ない。(賄賂を)与えることにより、禁じられた行為に加担したのである。受け取る者にも、それは禁じられている。

(2)有利な判決のために裁判官に賄賂を払うこと。例えば、ある者が裁判官に自分に有利な判決を下してもらえるよう賄賂を払う場合。これは裁判官が実際に正当か不当かに関わりなく、与えるのも受け取るのも禁じられている。また判決は無効となる。

(3)与える者には許されても、受け取る者にはそうではない賄賂。例えば自分や、自分の財産に害を加えられる危険を避けるために賄賂を払う場合。この類《たぐ》いの賄賂は、与える者には許されているが受け取る者には禁じられている。もしも専制的な君主が誰かの財産を欲したとする。この場合、一部を差し出して残りを守ろうとするのは罪とはならない。

(4)統治者の支持を取りつけるための賄賂。これもまた、与える者には許されても受け取る者には禁じられている。もしも受け取る者が、自らの行為によって悪しき結末を迎えたくないならば、その際には両者が朝から夕までの一日単位で「服務の宣誓」を用いねばならない。この宣誓は合法であり有効である。もしも「雇用者」が望めば、この服務のために他の「被用者」を使うも使わないも自由である。支持を取りつけるための賄賂が事前に支払われるならば、この法的手段は有効であるとされている。しかし賄賂がそれと分かる形で支払われなかった場合、また支持が取りつけられた後で支払われた場合については、イマームの意見は異なっている。ある者は、このような方法で与えられた場合も合法であると言い、また別の者は合法ではないと言う。これは前者が正しい。何故なら取りつけられた支持に対する報酬を支払うことは許されるからである。

以上でカーディーハーンの要約を終える。『要約』(*Khulāsa*)や『バッザーズィーの法学裁定』[3](*Bazzāzīya*)の要旨も、これと同様である。『導き』(*Hidāya*)の注解者イブン・フマームは、『全能者の勝利』[4](*Fath al-Qadīr*)において以下の通り異なった分類方法を示している。

(1) 裁判所、またはその他の官庁へ支払われる賄賂。

(2) 裁判官から有利な評決を勝ち取る目的の賄賂。

これらはどちらも、与えるのも受け取るのも非合法である。

（3）危害を避けるか、利益を確保するために統治者に支払われる賄賂。
（4）自分または財産への危害、または危害の危険性を避けるために支払われる賄賂。

これはどちらも、与えるのは合法だが受け取るのは非合法である。

論文の要旨は以上である。以下、見解を示そう。

賄賂はすべて不法であるという信念が、一般の人々の間には広く行き渡っている。賄賂にどのような種類があるのかも分からないまま、オウム返しにお題目ばかりが繰り返される。分かっている人でさえ、このように言う。「口論して何になる？ 非合法と言ったら非合法だ」。そう言いながらも裏ではこっそりと、賄賂をやり取りしているのである。払わねばならない理由が、天地がひっくり返っても何ひとつ見当たらないような場面であってさえ、誰も賄賂を受け取ることを躊躇しない。賄賂を受け取らない人というのは、何も信仰や神を畏れてそうするのではない。こうした人々は受け取ったことを隠し通すことの難しさや、醜聞《しゅうぶん》への怖れといった思慮深さに基づいて行動しているのであって、むしろ賄賂そのものについては、楽しく好ましいものとみなしている。事実その通りであって、賄賂に対する嫌悪感が皆無であるのが、今という時代なのである。最上の道は以下の通りである。第三、第四の種類の賄賂については、イブン・ヌジャイムによるカーディーハーンの引用にある通り、悪しき結末から自らを守るためにも、両方の側が「服務の宣誓」を用いるべきである。昨今の官庁での賄賂のやり取りは、裁判法廷における任命を除けば、あらゆる場面でこの方法に従ってやり取りされている。

さて、人々が真実を無効にして誤ったものに固執し、それを常用し続けようとすれば、既存の秩序は混乱の危機を抱えることになる。過去のイスラームの裁判官もスルタンも、危険を回避するために、帝国の腐敗を招く潜在的な原因を除き、賄賂に対しては固く扉を閉ざし、聖法に基づいて彼らの職務を行ない、また彼らの身内をも聖法の下に保ったものである。聖法の遵守が必須であることは、現代においても変わらない。後になって後悔しても何の助けにもならないのである。「われわれとしては法的にも問題がなかったものと認識しております」と、口で言うだけでは無駄である。合法という衣裳を着込もうとも、理性が容認し得ない行為は山ほどある。衣裳の下には、様々な腐敗が潜んでいる。

注

（1）『クドゥーリー注釈』（*Mukhtasar al-Qudūrī*）とは、バグダード出身のアフマド・イブン＝ムハンマド・アル＝クドゥーリー（一〇三七年没）によるハナフィー法学の著名な手引書。アフマド・イブン＝ムハンマド・イブン・アル＝アクター・アル＝バグダーディー（一〇八一年没）を含め、多くの注釈者を惹きつけた。

（2）カーディーハーン・ファフルッディーン・ハサン・イブン・マンスール・アル＝ウズジャンディ。フェルガナ生まれ、一一九六年没。

（3）『要約』（*Khulāsa*）はイブン・バッザーズィーの名で知られるハーフィズッディーン・ムハンマド・イブン・ムハンマドによるファトワー集成『バッザーズィーの法学裁定』（*Bazzāzīya*）を底本としている。著者不詳。

（4）『導き』（*Hidāya*）については本書「キャーティプ・チェレビーによる序言」注11を参照。『全能者の勝利』（*Fath al-Qadīr*）とはその注釈書。著者はイブン・フマームの名で知られるケマルッディーン・ムハンマド・イブン・アブドゥルワーヒド。スィヴァス生まれ、一四五七年没。

第二十章　エブッスウード・エフェンディ対ビルギヴィー・メフメト・エフェンディの論争

故エブッスウード・エフェンディは八九六年（一四九一年）に生まれ、学者によくある順当な経歴を順当に積み上げ、九五二年シャアバーン月（一五四五年十月）、ムフイッディーン・エフェンディの後任としてシェイヒュル・イスラームの地位についた。ゆうに三十年の間、ファトワーを発令し続け、九八二年ジュマーダー月の第五日（一五七四年八月二十三日）、この世を去った。その人生を通じて、オスマン帝国における唯一の覚者であり続け、祝福されしスルタン・スレイマン・ハーンと同様、今は楽園に住まうこの宗教人もまた、その全生涯において階級組織の最高位を占有し続けた。(1) オスマン帝国における人定法のほぼ全てを聖法と調和させ、市民社会と宗教統治の、両方の欠陥を矯正したのは、彼とケマルパシャザーデである。このように、国家の姿を整えたのは彼らであった。

ビルギヴィー・メフメト・エフェンディは、バルケスィルの師範ピール・アリー・エフェンディの息子である。イスラーム学の初等教育を終えると、彼はイスタンブルにやって来て、カザスケルのアブドゥッラフマーン・エフェンディに見習い職として雇い入れられることになり、死亡した兵士の地所の問題を扱っているエディルネの裁判所へ出向するように命じられた。そこで彼はバイラミー教団[2]の完全なる導師、カラマーンのシェイフ・アブドゥッラフマーンに仕えて精神の浄化にいそしんだ。彼はエディルネに行き、死亡した兵士の地所の売却によって受領した資金をその権利者たちに手渡しした。登記に従って資金を分配し、あらゆる合法な要求に応じつつ、彼はシェイフの勧めに従い、高等な学問の伝授にも携わった。こうして伝承とクルアーン解釈を教えることにより、かの聖者の承認を得たのである。

彼に備わった特筆すべき美徳については、スルタン・セリム二世[3]の家庭教師を務めていたメヴラーナ・アターウッラーも認めており、アターウッラーとの間に築いた絆から、彼はビルギ[4]に建立されたメドレセの指導者の地位を与えられた。彼の呼び名「ビルギヴィー」の由来である。あらゆる土地から学生たちがやって来て、大いなる才能と精神的価値を持つこの人物は、引く手あまたの寵児となった。彼は時に説教し、時に教え、正しきを勧め悪を禁じることによって預言者のスンナを復活させようと常に熱心だった。九八一年ジュマーダー月（一五七三年九月）の第一日、五十五歳で彼は他界した。彼に神の慈悲あらんことを。

晩年、彼はイスタンブルを訪れた。彼の名を耳にした大宰相メフメト・パシャ[5]と会見するためであり、それによって多くの不正を糺《ただ》せるようになると考えたのである。彼は多くの書物と論文の著者であったが、その中に『鋭い剣』(*al-sayf al-sārim*) と呼ばれる論考があった。その中で彼は、あらゆる崇拝の行為は勿論のこと、クルアーンの朗誦や伝授の見返りとして報酬を受け取るのは非合法であり、また動産や通貨の寄進によって利潤を得るのは許される行為ではない、と断じていた(6)。論文は伝承に基づいて述べられており、高位のイマームたちを論難するものであった。これに対し、エブッスウード・エフェンディになり代って、高名なカーディー、ビラールザーデが反証を書いた。この件に関する議論と論争、そして両派の口論は、帝国内でも最高潮に達した。

エブッスウード・エフェンディは、当世のウラマーたちにならって軋轢《あつれき》を引き起こすのを避けた。しかしビラールザーデは、古くからのことわざ「反論で名を売れ」に従った。ビルギヴィー・エフェンディが、その善良な信仰心から提唱した主張に対して、彼は自分が目立ちたいという偽善的な欲望のためにファトワーを公布する機会を利用したのである。彼は醜く詳細をあげつらって断定した。

さて、ここまでは『アネモネ』(7)(*Shaqā'iq*) の補記からの話である。ここからは、慎《つつ》ましき筆者による話の続きである。

ビルギヴィー・エフェンディは、法の諸科学を修めた堅実な学者であり、またあるシェイフたちから聞くところによれば、論理学の一分野である純理論的諸科学のうち、ひとつについては完璧な知識を身につけていたとのことである。しかしその他の哲学的な諸科学は彼の気質に合わず、彼は自らの著書において、それらに対する非難を表明している。同様に、彼は人類の慣習や置かれた環境を知るための歴史についても学んでいない。彼は聖法一筋の、敬虔《けいけん》なる専門家だったのである。彼の著書『ムハンマドの道』(*al-Tarīqat al-Muhammadīya*)には、上述の問題も含め、スーフィーによる舞踊《ぶよう》や旋回《せんかい》について、また「あのけがらわしいあれ」、つまり通貨を得るために営まれる人間の取引の堕落について、彼の性分から見た通りに書かれている。彼は慣習にも慣例にも、微塵《みじん》たりとも容赦しない。『鋭い剣』における彼の論駁は以下のように始まる。

「本稿は、遺言の作成ないし死亡が確認された場合を除いては、現金によるワクフは非合法であることを示す意図をもって書かれたものである。現ムフティーのエブッスウード・エフェンディは、これ(ワクフ)の実践は必要不可欠であるとして、多くの過誤を含む論文を著した。それゆえ、何故それが拒絶されねばならないかの説明が必須である。さもなければ、ワクフを設立しようという者たちはこれを信頼に足るとみなし、益を得ようと望んだはずが罪を犯す羽目になる。さもなければ、裁判官たちはこれに騙され、これを頼って誤った判決を下す羽目になる。これは信頼に足るものではなく、よって復活の日の申し開きとして用いることは不可能である。これは法のありとあらゆる面に反するものであり、また理性と伝承に逆らうものである。私はこれを、人類にとっての不和の源泉とみなしている。変えられる者ならば誰しもが、変えねばならぬ悪とみなしている。とは言え私は、誰もが皆そうするとは考えていない。何故なら無知の者、臆病な者がいるためである。そこで、筆と舌をもって人々に過ちを禁ずるという私に課された使命を果たすべく、教義に反する抑制されるべき事柄について、こうして警告するものである」

私がここにかの尊敬すべき宗教者の言葉を引用したのは、エブッスウード・エフェンディのような大物に対して歯向かおうという、彼が示した不屈の精神の度合いを知らしめておこうと考えたためである。

しかしこれほど多くの議論や論争を経た後でさえ、彼の禁令はひとつとして実現されることはなかった。慣習と慣例に反するものであったがゆえである。一般の大衆の間では、彼は何ひとつ成果をあげることはできなかった。彼の弟子や支持者の多くもまた、数々の主題において極端な見解を表明し、彼と同じ道をたどっていった。

注

（1）一五二〇年、スレイマン（一世）は二十六歳で即位し、一五六六年に死去するまで統治者として君臨した。彼の支配した期間はその他のどのスルタンよりも最も長い。またエブッスウードも、他の誰よりも最も長くシェイヒュル・イスラームとして在職した。

（2）バイラミー教団は、十五世紀初頭にアンカラのハジュ・バイラミー・ヴェリーによって創始された。

（3）スルタン・セリム二世。在位一五六六—七四年。

（4）ビルギはスミルナ（イズミール）南東の、オデミシュに近い小さな町。

（5）ソコルル・メフメト・パシャは一五六五年から一五七九年にわたり、スレイマン一世、セリム二世、ムラト三世につかえた大宰相。

（6）動産や通貨に基づくワクフへの反論は、それがワクフの永続性という性質と矛盾するという趣旨においてなされた。

（7）論文の正式な題名は『緋色のアネモネ——オスマン帝国のウラマーたちについて』（*al-Shaqā'iq al-Nu'māniya fi 'ulamā' al-dawlat al-'Uthmāniya*）。著者はアフマド・イブン＝ムスタファ・タシュコプルザーデ（九六八年／一五六〇—一年没）。複数の著述家がこれに注釈を加えており、それは一一四三年／一七三〇—一年に最も新たな注釈がつけられるまで続いた。

第二十一章　スィヴァースィー対カドゥザーデの論争

シェイフ・アブドゥルマジード・イブン・シェイフ・ムハッラム・イブン・メフメト・ズィーリーは、スィヴァースィー・エフェンディの名で知られ、ハルヴェティー教団のシェイフであるスヴァースィー・シャムス・エフェンディの代理をつとめる人物であった。イスタンブルにやって来ると、彼の名によって広く知られることとなる修道場のシェイフになった。新たなモスクを建立した際[1]、スルタン・アフメトは、そこの説教師の地位をスィヴァースィーに与えた。一〇四九年ジュマーダー月（一六三九年十月）の第二日、彼はこの世を去った。光明に照らされた心を持った、聖者のような七十余年の人生だった。彼はトルコ語でいくつかの作品を書き、またシェイヒー[2]の筆名で詩作もしていた。説教を行なう前には、聞く者に喜びを与えるその甘い声でファーティハ章を朗誦したものである。彼の友人たちは、彼にまつわる多くの奇跡譚を語っている。

イマーム・カドゥザーデ、すなわちシェイフ・メフメト・エフェンディとは、バルケスィルのカーディー、トゥハーニー・ムスタファ・エフェンディの息子である。生まれ故郷でビルギヴィー・メフメト・エフェンディの弟子から学問の初歩の手ほどきを受けたのち、イスタンブルにやって来ると、教師トゥルスンザーデの下で生徒たちの指導役になった。その次に彼が選んだ専門職は、スーフィーのシェイフである。テルジュマンの修道場（テッケ）でシェイフを務めていたウマル・エフェンディに仕え、精神の浄化に励むようになった。しかしながら、スーフィーの道が自分の気質にそぐわないと知ると、彼は思弁の道を取ることにした。長きにわたりムラド・パシャのモスクで教鞭をとったのち、ビルギヴィー・エフェンディの息子ファドゥルッラー・エフェンディの後継者として、スルタン・セリム・モスクの説教師の地位を得た。同時に彼は、自宅近くの小さなモスクでも教え続け、伝道師としても教師としても名を馳せた。のちに聖ソフィアの説教師に任命され、一〇四五（一六三五—六）年、有名かつ徳高き人物として、五十代でこの世を去った。

彼ら二人のシェイフは、互いに正反対だった。めいめいの気質の違いから、彼らの間には闘争が生じた。本書で私が取り上げた論争のほとんどすべてにおいて、カドゥザーデが一方の側に立てば、スィヴァースィーがもう一方の側に立つという具合であった。両者は、共にそれぞれが極端に走り、どちらの支持者たちも、相手側との口げんかや論争にすっかり慣れきっていた。こういう状況が長年にわたって続いており、二つの党派による議論の嵐が荒れ狂い、無駄な口論の果てに、互いの間には強い憎悪と敵意が育っていた。シェイフたちの大多数が、どちらか一方の側についたが、知性ある者たちは、争いに加わることはせずにこう言った。「これは無益な口論であり、狂信のなせるわざである。われわれはみなムハンマドの共同体の一員であり、信仰上の兄弟であって、そのことにスィヴァースィーからの免状もいらないし、カドゥザーデからの証書もいらない。彼らは一対の聖職者、互いに反論し合うことで有名になったシェイフであるに過ぎない。彼らの名は、今やスルタンのお耳にも入っている。彼らはそういうやり口で、自分たちの利益はしっかりと確保し、世間で日の当たる場所を得ている。どうしてわれわれが彼らの代わりに戦うなどという愚かな真似をせねばならないのか。それが何の楽しみになるというのか」

しかしおろかな人々は、彼らのように自分も有名になりたい一心で、どちらか一方の側に執着し、いつまでもしがみ続けていた。あちらこちらの説教壇越しに白熱の舌戦《ぜっせん》が巻き起こり、あやうく剣と槍でのほんものの戦闘になりかけたところで、スルタンも彼らのうち何名かを罰し、都市部から追放するという形で彼らの横っ面をはたかざるを得なくなった。誰であろうがこうした類いのわめき散らす狂信者どもを、鎮圧し、処罰するのがムスリムのスルタンに課された義務のひとつである。なぜなら過去において種々の退廃を生じさせたのも、こうした好戦的な偏狭さだったからである。

どちらの側であろうと、阿呆どもの掲げる見かけだおしの正義を重要視してはならない。どちらの側にも、勝利を宣言させてはならない。世界の秩序というものは、人間に定めおかれている境界を、人間に越えさせないことによってこそ神の下に達成されるのである。「主の命じるところに従い、主の定めたもう法《のり》を侵さぬ者に神の御慈悲あらんことを」

注

（1）アフメト一世によって建立されたモスクのひとつ。「ブルー・モスク」の名で知られる。一六〇九年に建設が開始され、一六一六年に完成。

（2）念のため、十五世紀の著名な詩人ユースフ・シナンも「シェイヒー」の筆名を使用しているが、別人である。

結語　著者に対する神の恩寵の詳述ならびに二、三の推奨

神の恩寵についての詳述。本書の著者ムスタファー・イブン・アブドゥッラー、またの呼び名をハッジ・ハリーファ（キャルファ）、あるいは学者諸賢の間ではキャーティプ・チェレビーの通り名で知られる小生、コンスタンティノポリの出身である。父は兵士であったため、法に従って同じ職業に就いた。もって生まれた運と星の影響か、読み書きの技術への傾倒を示した。一〇三二年（一六二二―二三年）、陸軍の会計監査院に実習生として雇い入れられ、その翌年にはテルジャン戦役[1]に出征した。一〇三五年（一六二五―六年）にはバグダード遠征[2]に従軍し、監査院一等書記の徒弟となった。一般には難しいものと考えられている書道、会計、それに簿記[3]の素質を持つらしいことが認められたのである。一〇三六年、一〇三七年（一六二六―七年）にはエルズルム包囲戦[4]に参加し、その翌年、陸軍と共にイスタンブルへ帰還した。

本書に既出の人物、故カドゥザーデの名声が、その頂点にあった頃のできごとである。ある日、

たまたまスルタンメフメト・モスクの前を通りかかった著者は、説教を聞こうと中へ入った。カドゥザーデは優れて印象的な話者であり、その説教は聞き手の心を摑んで離さなかった。彼の言葉の大半は、宗教的知識を得るよう励まし、努力して無知から脱却するよう人々に奨める勧告であった。それはまるで聞き手の心の手綱を摑み、修練と勉学の方へ連れて行くかのようであった。それが筆者の父の願いだったこともあって、以前に学んだ付随的な学問の基礎からやり直すと、たちまちアラビア語文法と構文に習熟した。シェイフの講堂に通い、授業を受け、説教を聞き、それはフスレヴ・パシャ戦役(5)に出征するまで続けられた。一〇三九年(一六三〇年)にはハマダーンおよびバグダード遠征の任務に従事し、それから一〇四一年(一六三一年)、再びシェイフの講義を受講するためにイスタンブルへ帰還した。受講した科目はクルアーン解釈、宗教諸学の復興、それから『見解』(*Mawāqit*)、『真珠』(*Durar*)、『ムハンマドの道』(*al-Tarīqat al-Muhammadīya*)の注解である。

シェイフの講義は、おおむね単純かつ表面的なところに終始した。彼は自然科学にはまったく疎かったのである。クルアーン解釈に関する質問があると、いつでも決まって以下のごとき格言を引き合いに出した。いわく、

「哲学にびた一文でも払う者があろうか? 頭の切れる両替商なら、そのようなものの前に膝を屈するはずもあるまい」

だとか、

「論理学者が死んだところで、誰が涙を流すだろう」

だとか。まあ詭弁である。そういうわけで彼は、「誰であれ、人は自らが理解し得ないものを憎悪する」という格言の真実を、その身をもって例証していた。複数の議論において、彼はおよそ世界じゅうの人々を敵にまわしていたが、彼はかなりの数にのぼる書物を読みこなしており、自らの見解と一致する文章を大量に暗記していて、ここぞという場面では、文脈に従いそれらを自在に引き出すことができた。「素早い応答こそ、最も優れた盟友である」。論敵を沈黙させることにかけては、彼は超一流であった。舞踊《ぶよう》や旋回《せんかい》に対する大昔の反対論を復活させ、ハルヴェティー教団やメヴレヴィー教団、それに墓場の管理人たちの敵意を大いに集めた。彼の説教のひとつひとつには、必ずいくばくかの冷笑や嘲笑が込められていた。「おお聖者どの聖者どの！　床を蹴って笛吹いて、来たれきたれ、トクゥル＝デデ、来たれきたれ、ボクル＝デデ！」(6)。その一方でスィヴァースィー・エフェンディやイスマイル・デデ、それに他の人々も、聖者を否定する異端者、不信仰者と彼を痛《つう》罵《ば》したものだった。

かねてからの、預言者たちや教友たちの祝福祈願の実践や定められている以上の礼拝への勧誘といった問題が、多くの議論と論争、紛争を引き起こしていた。彼は才知に長けて抜け目のない男であったから、こうした議論を、愚か者たちをとらえる罠として利用した。「反論で名を売れ」の原則通り、彼の名声は玉座にも届くほどになった。こうして彼は、同時代の人々からは頭ひとつ抜きん出た著名人になるという、自らの目的を達成したのである。馬鹿ものたちは皆そろいもそろって本気で彼を熱心に見習おうとし、模倣を通じて熱狂したあげく無益な口論に苦しむという、まことに残念きわまりない状態に陥った。今となってはカドゥザーデの支持者といえば、その過激主義によって悪名高く、世間一般の非難を集めていることは改めて指摘するまでもない。筆者はこれまでも彼らの多くを、節度ある中庸の領域の方へ案内してきたし、たった今この要約を書いているのも、彼らを足枷《あしかせ》から解放せんがためである。

一〇四三年（一六三三年）、大宰相メフメト・パシャが最高司令官になったその年、筆者も再び従軍した。隊がアレッポの冬期用営舎に入営している間に、聖なる巡礼(7)へ行くつもりでいた。筆者はヘジャーズ到着を果たし、メディナでは巡礼と、預言者の墓への訪問を行なった。それから再び、ディヤルバクルで帝国軍と合流した。その冬、筆者はかの地の幾人かの学者たちと共に過ごし、多くを学んだ。

一〇四四年（一六三五年）、筆者はスルタン・ムラトのエレバン遠征(8)に従軍した。翌年に帰還すると、固めていた決意を実行に移した。十年の間、筆者は遠征と行進に明け暮れた。多くの戦闘や作戦の目撃者となった。それから巡礼や、異教徒を相手に戦う義務も果たした。「われらは今や小さな戦いから帰還し、より大きな戦いへ向かう」との伝承に従い、この時から筆者は勉学の道を歩むことにその魂を使役し、残りの人生を学問の習得に捧げ、あてがわれている収入は、知識の獲得のための経費として使おうと決めたのである。

　このような意図でイスタンブルにやって来ると、筆者は神的な示唆《しさ》を得て文献辞典を書き始めた。アレッポに滞在中、本屋の蔵書を検分しておいたのである。イスタンブルに戻った後で、わずかながら遺産を受け取った。筆者はこれを書籍購入にあて、かなり熱心に仕事に取りかかった。生来の気質に合っていたらしく、歴史や偉人の伝記に取り組むのは楽しいことであるのが分かった。そのおかげで一〇四六年（一六三六―七年）、筆者はこの研究を完成させた。

　その翌年、また別の親類が亡くなった。裕福な商人で、筆者は数十万アクチェ銀貨の遺産を相続した。正直な意図と誠実な決断に対する恩恵として、筆者に門が開かれた。暮らし向きを心配せずとも済むようになったのである。天に促《うなが》されて、諸科学を習得するという筆者の仕事もうまく行くようになった。そして富が筆者本来の性向を助けてくれた。短期間で、多くの分野を網羅することができた。筆者は遺産のうち三十万アクチェ銀貨を書籍に費やした。そして残りの一部を新居の購入にあてて、自らの家庭生活に必要な条件を満たすこととし、後は生活資金として取っておき、それから新たに見つかった健康上の問題を治療するのに用いた。

　一〇四八年（一六三八年）にスルタン・ムラトがバグダードへ出征[9]した際、筆者は以前の決意通りに、従軍に関する一切の考えを意識から追い払い、多忙を口実に家で過ごした。

その頃、美徳と洞察力を備えた知性で名高い「アーレジュ（跛足《はそく》）」、ムスタファ・エフェンディが裁判官の職務を退任し、教育に食指を伸ばして講義を行ない始めた。私は、彼によるアル＝バイダーウィーの『注釈書』の講義を、第一回目から受講した。宗教の諸科学についても宗教以外の諸科学についても、今までに受講したことのあるどの講義、どの学者よりも、彼が多くの知識を持っていることが分かった。そこで私は、彼を自分の師に選ぶことにした。彼の方も、私に一番多くの好意を寄せてくれ、他の学生とは違った関わり方をしてくれた。私たちの間には真の友情が育ってゆき、それから長きに渡って、私は彼に教わり、共に過ごすことを楽しんだ。一〇四九年（一六三九―四〇年）、私はアヤソフィアで講師を務めるクルドの人、アブドゥッラー・エフェンディの講義を、翌年にはスレイマニエの講師コチ・メフメド・エフェンディの講義を受けた。宗教の諸科学についても宗教以外の諸科学についても、アブドゥッラー・エフェンディは達人であった。メフメド・エフェンディは完璧なアラビア諸学の学者だった。宗教とは関わりのない世俗的学問に言及するときは、公正にも彼は常にこう述べた。「もしも私の知らないことがあれば、誰でも知っている者に遠慮なく話させるのがよい」。カドゥザーデとは違い、彼は自分が知らないものを軽んじたり、拒絶したりすることはなかった。

一〇五〇年（一六四〇―一年）、シャフラーニー・アフマド・ハイダルの弟子ヴェリー・エフェンディがやって来た。筆者は彼と論理、辞書学、文体の様式などについて議論を交わした。

一〇五一年（一六四一―二年）、筆者は、歴史書に登場する百と五十の王朝について、その概要を解説した一覧を書き、これに『概説』（*Fadhlaka*）と題名をつけた。シェイヒュル・イスラームであった故ヤフヤ・エフェンディに、スルタン献上用の清書を用意するよう言われたものの、これはやらずじまいであった。

続く翌年、口伝による伝承の経路に連なるべく、筆者は伝道師ヴェリー・エフェンディから『精選』（*Nukhba*）と『ハディース千行詩要約』[10]（*Alfiya*）の教えを受けはじめ、その二年後、伝承の基礎についての学習を終えた。この師はエジプトでシェイフ・イブラヒム・ラカーニー[11]の門下にいたことがあり、二人ながらに途切れることなく最も高貴なる預言者（神よ、彼に祝福と平安を授けたまえ）に遡れる（伝承の）鎖でもあった。そうしたわけで慎ましき筆者も、イスナード（伝承の経路）に鎖のひとつとして加われることになった。

その間も筆者は、バイダーウィーとシェイフザーデ[12]をとり混ぜたクルアーン解釈を、カラ・ケマルが『イスラーム法の中核』解釈を著した際の文体を拝借して、一日一ページの進捗具合で書き始めていた。

一〇五三（一六四二―三年）から一〇五四年（一六四三―五年）も、講義に出席しては勉学にはげむうちに過ぎていった。十年の間、夜となく昼となくはげんだおかげで、筆者は数えきれないほどの書物を読破し、ほぼすべての科学の習得に成功した。ある書物をどうしても読みきってしまいたいと思えば、日暮れから夜明けまでロウソクを灯した。決して、疲れたり飽きたりすることがなかった。

十年目が過ぎようという頃には、生徒たちが筆者のところへ学びに来るようになっていた。生徒たちには、最初は諸科学の基礎を学ぶところから始めさせた。故ヤフヤ・エフェンディには「講義を授けると言ったって、きみは解釈を学んだことはないだろう」と言われたものだが、慎ましき筆者もこう答えたものである。「生徒たちはよく学んでいる。解釈には、ほとんど煩《わずら》わされずに済んでいるおかげでね」。私の教え方とは、ありとあらゆるものの多元性をタウヒード〔アッラーの唯一性〕の道に則《そく》してたたき込む、というものだった。普遍概念の理解を通じて、第一原理を習得させるのである。私は昔から、微に入り細を穿つことに人生を捧げ、分野をひとつに絞ってその枝葉末節にまで熟達する、などというのは時間の無駄だと結論づけていた。天にも届くほど高い目標を掲げた男なら、たったひとつの分野に拘束されることには決して満足しないものだ。

一〇五五年（一六四五年）、クレタ島遠征[13]が始まった。地球と、陸地や海洋の概略に興味を持ち始めたのもこの頃である。それは私の趣味に合っていた。「海図」と呼ばれる図画がどのように描かれるのかを学び、これに関するあらゆる図版入りの書籍を、一冊ごとに丹念に調べた。

同時に一方で、私は自分の職務経歴上のことが原因で、監査院の書記長官と口げんかをした。私は言った。「以前なら、勤続二十年めの者は書記に昇格する決まりだったはずだ。私の順番はどうなっている」。しかし彼は、書記の地位は終身制であり現在は空きがないと決めつけ、これを撤回しようとしなかった。そこで私は彼に、ごきげんようと告げて休職期間に入った。

この状況は研究には好都合で、私はいっそう多くの働きをこなすようになった。三年の間、私は仕事もせず隠遁《いんとん》してものを書き、教えることで忙しく過ごした。この時期が終わる頃には、私は故アーレジュ・エフェンディと共にアドゥードの法源注釈の半分、『基礎の確立』（*Ashkā al-taʾsīs*）注釈とチャグミーニー[14]、アンダルースィー[15]の『作詩法』（*Arūḍ*）、それにウルグ・ベク[16]の『年鑑』（*zīj*）から暦の計算法を学んだ。その前にはクルアーン解釈について『解説』（*Tawḍīḥ*）の講義を受けていた。それからイスファハーニー、カーディー・ミール[17]、『討論の作法』[18]（*Ādāb al-baḥth*）、ファナーリー[19]、『浄化』（*Tahdhīb*）注釈、それに『太陽』[20]（*Shamsīya*）なども。

一方で私の生徒たちも文法論の基礎に始まり、論理学についてはファナーリーと『太陽』、それからジャーミー[21]、『クドゥーリーの要約』（*Mukhatasar*）、『義務』（*Farāʾid*）、『大海の合流』（*Multaqā*）、それに『真珠』などを学んでいた。幾人か、科目をすっかり修了した者もいて、こうした者たちにはカーディー・ミールによる『目的』（*Maqāṣid*）注釈の、総合的な部分[22]から読ませていた。

筆者の体調に狂いが生じたのはこの頃のことである。調子を整え回復させるために、医学に取りかかったきりになった。精神的な手段で癒《いや》せるようにと姓名判断の本を読み、神の美名の暗唱を通じて生じる特別な益に関する書も読んだ。こうして体調は回復した。

一〇五七年（一六四七年）には、当時の独創的な思想家の一人、アクヒサルのアフメド・ルーミーの息子メヴラーナ・メフメドが、筆者の家の近くに住み始め、数学の講義を受けにくるようになった[23]。幾何学については『基礎の確立』（*Ashkāl*）解釈を、算術についてはアリー・クシュジュの

『ムハンマディーヤ』（*Muhammadīya*）を購読し、それから天文表を用いた暦《こよみ》の作成規則を学んだ。彼には、科学の深遠さを研究するのに適した才能があった。この弟子の要望があって、わたしは『ムハンマディーヤ』の前半部分の全般的な注釈を書いた。しかし彼もそうだが筆者の息子も、あまりにも優れた知性というのは明らかに致命的なものである。どちらもがこの世を去ってしまい、もはや完成させようという気も失せて、注釈は未完のまま終わった。その後、もう十人ばかり『ムハンマディーヤ』の購読をやった弟子たちがおり、注釈の続きを書いてほしいとせがまれたが、しかし彼らの能力は死んでしまった二人の水準には到底及ばず、私の熱意も関心も衰えていった。

休職の期限も終わりに近づいた頃、私は二ヵ月で『歴史の暦』（*Taqwīm al-tawārīkh*）を書き上げた。これは以前に書いた『総覧』（*Fadhlaka*）を補追する索引で、部分的にトルコ語とペルシャ語を使い分け、図表もふんだんに盛り込んだ魅力的な仕上がりになっていた。一〇五八年（一六四八年）の終わり頃、シェイヒュル・イスラームだったアブドゥッラヒーム・エフェンディがこの書を、以下の書きつけを添えて大宰相コジャ・メフメト・パシャに送った。「この人物は十分に高位に値する。彼には世間的な野心が全く欠けており、地位も栄誉も欲していない。公職において彼を昇進させるために必要な手続きがあるなら、何であれ遂行されねばならぬ」

私は彼の講義を受けていたし、何度か学術的な議論を交わしたこともあり、それで私の著書を何冊か贈呈してもいた。彼は私の価値を完全に認めてくれ、時々、歴史の話をしようと言って誘い出してくれたりもした。こと歴史関連なら、彼は私を信頼に足る権威とみなしてくれていたのである。

悪意ある敵どもが数人おり、パシャが私を嫌うようにと、あらゆる努力を惜しまなかった。金をばらまき、好ましからぬ報告書を書き、しかしどれも功を奏することはなかった。彼は私に、私の職位が明記された証明書を発行してくれた。二等書記。それが私の選んだ地位である。学問の恩恵と人々の好意が、やつらの金に打ち勝ったのだ。もうずいぶんと以前に、彼ら神に見捨てられしものはすでに惨敗していたのである。

私はこの昇進に満足していた。生計を立てるには十分であるし、これ以上を望む理由はない。この先も、この地位でやっていくのが理想的に思えた。

一〇五九年（一六四九―五〇年）から一〇六〇年（一六四八―九年）、私は諸外国の科学書を読んでいた。弟子たちは医学、数学と哲学の講義を受けていた。天文学については『三十の分類』（*Sī faṣl*）[24]、アストロラーベについては『二十の章』（*Bīst bāb*）[25]を、カーズィーザーダ・ルーミーのチャグミーニー注釈やアリー・クシュジュ『勝利』（*Fatḥīya*）の講義と共に、何度も繰り返し演習した。

一〇六一（一六五〇―一年）、一〇六二年（一六五一―二年）、私の、学者の人名辞典『卓越の階梯へと至る梯子』（*Sullam al-wuṣūl ilā ṭabaqāt al-fuḥūl*）[26]第一巻が完成した。この巻にはターの字の項までが収録されており、清書写本も作成された。この書は古代から現代に至るまで、傑出した人物の歴史を描き出したものである。一〇六三年（一六五三年）には、『偉人たちの素晴らしき贈り物名言、格言、そして詩』（*Tuḥfat al-akhyār fī'l-ḥikam wa'l-amthāl wa'l-ash'ār*）という一般書を書き、アルファベット順にジーム〔オスマン文字では第六番目にあたる〕の項まで完成し、これの清書写本が作成された。

これまでに蒐集《しゅうしゅう》してきた文献資料を、歴史から人名事典から、私は適切な順序に整理整頓した。それから図書館の何千、何万という書籍を個人的に調べあげ、更に二十年に渡って本屋が定期的に持ち込んでくる書籍、これらを適切に系統立てて記録し、更に科学原則の教科書群から抜粋した、あらゆる分類に枝分かれした知識についての三百以上の記事を加え、これらをすべてアルファベット順に並べた上で、私は多くの項目を取り上げ、議論や目先の変わった問いを立てていった。私はこれが、諸科学の知識と文献学に関する包括的な研究となるよう意図しており、それを『書籍と諸学の名称に関する諸見解の開示』（*Kashf al-zunūn ʿan asāmiʾl-kutub waʾl-funūn*）と名づけた。下書きの段階でこれを見た学者たちの要望もあって、ハー〔オスマン文字では第七番目にあたる〕の字の項まで出来上がったところで第一巻の清書写本が作成され、主だったウラマーたちに贈呈された。彼らはこれを気に入り、承認を与えてくれた。

かねてから私は地理学に関する研究をまとめ始めており、これを『世界の鏡』（*Cihânnümâ*）と名づけておいた。ムスリムの書籍には、異教徒たちの土地に関する議論がない。そこで私はフランクの言葉で書かれた書物『大地図帳』[27]（*Atlas Maior*）の地図を参照し、その翻訳に手をつけた。シェイフ・メフメト・イフラースィーという人物がいた。ムスリムに改宗しているが、元はフランスの聖職者でラテン語に精通していた。彼と協力し『大地図帳』の要約版である『小地図帳』（*Atlas Minor*）の翻訳をした。『小地図帳』の翻訳は一年半で完成し、『光のきらめき』（*Lawāmiʿal-*

nūr）との題名がつけられた。それから今度は、『世界の鏡』の清書に取りかかった。同様に『フランクの歴史』(28)（*Frankish History*）も翻訳した。これはコンスタンティノポリの歴史を描いた『スルタンの壮麗』（*Rawnaq al-Saltana*）のような、異教徒の王たちに関する歴史書である。年代順に整理され、記述も非常に緻密《ちみつ》な『総覧』の翻訳も短期間で仕上げた。

シェイヒュル・イスラーム在職時、故バハーイー・エフェンディは風変わりな三つの質問に対するファトワーを求められた。待てど暮らせど返答がないので、私はそれを解説する小論を書いた。これとは別に、帝国の統治に関するもうひとつの小論を書き、『混乱の改革における理論と実践』（*Dastūr al-ʿamal fī islāh al-khalal*）と名づけた。

一〇六四（一六五二―三年）年、一〇六五年（一六五三―六年）年には『典礼論』（*Qānūnnāme-i tashrīfāt*）と、『スィーンとジームによる呪われし者（シャイターン）の石打』(29)（*Rajm al-rajīm bi'l-sīn wa'l-jīm*）という、珍しい問題に関するファトワーをムフティー自身の自伝から書き写してまとめた書を書いた。最初に〈著者の所有する〉書架にある四千あまりの論文に、要旨ごとの索引を作って選別し、そこから更に三百ほどに編集した。多くの書籍の内容を要約した二巻の書が完成した。『画廊』(30)（*Nigāristān-i Ghaffārī*）から驚天動地の事実や逸話を抜粋、編集した続編も作った。

一〇六六年（一六五六年）、海運事変による混乱(31)が生じたとき、私は海戦や遠征時の指揮官がいかにあるべきか、海洋や造艦についての若干の情報も含めた『海路遠征にかかる偉人たちの贈り物』（*Tuhfat al-kibār fī asfār al-bihār*）の草稿を書いた。この書は一〇六七年サファル月（一六五六年十一―十二月）に写本が作成された。

給金を受け取る手前上、この間も私は週に一日か二日は職場に出勤していた。その他の時間は幸運にも、議論や読書、執筆に使うことができた。残りの人生も同じように過ごしてゆきたい。それが私の望みである。

吉報について。本書を清書し始めていた一〇六七年ムハッラム月第十四日（一六五六年十一月二十二日）の日曜日前夜、世界の栄光（神よ、彼に祝福と平安を授けたまえ）が、いやしきこの私の夢に現れた。彼は広々とした平野にいた。戦士の身なりをしており、剣を構えて出陣するところだった。彼ははるか遠く離れたところにおり、側近や従僕たちに囲まれていた。私は彼の威厳あるその眼前に立ち、科学に関するある特定の問題について質問すると、彼はそれに答えてくれた。ひとつだけはっきりと覚えているのは、彼は立っていたが、私は半分立ち、半分座っていたことである。質問している間じゅう、私は彼の祝福されし膝に口づけていた。それから「おお、神の預言者よ。私がこの身を捧げるべきは誰か、その名を教えてください」と尋ねると、彼は答えた。「汝は預言者の名にその身を捧げよ」。大音声が耳をつんざき、それで目が覚めた後もまだ頭の中で鳴り響いていた。

この夢で、彼は私に多くのものを指し示し、導いてくれた。第一に、彼が戦争のために装い、取り囲まれ、剣を帯びた姿で現れたのは、かの島々における目下の聖戦において、いかにして救い難き異教徒ども相手に勝利するべきか、その方法を示しているかのようだった。古い時代の、信仰のための遠征について書いている最中だった私は、この感触を心の深くに留めおくことにした。預言者の名に身を捧げるように、と告げられたことの解釈は以下の通りである。私は以前、『行動指針』(*Dastūr al-ʿamal*)の後書きに、ある解き難い謎のような発言を残しておいた。それについての考えは当然ながら、今でも私の心の中にあった。彼の言葉の中には、私のこの考えとも調和する喜ばしい兆しがあったのである。そしてそれが暗に指し示している方向は明らかであった。以前、私は法学の講義に忙しく過ごしている時期があった。私は法律学の全体像を学び、クルアーン解釈と伝承をシェイフたちと議論した。最近、私のところへ学びにやってくる生徒たちには数学や自然科学の授業を授けており、宗教的な学問はすっかり棚上げにしたままだった。彼が命じていたのは、これである。すなわち「それらの学問の授業を再開せよ。それこそは、わが人生のあり方に従うための手立てである。汝の目的を達したならばその時には、汝の仲裁として私を連れてゆくがよい。つまり、汝が神の御名を探すなら、汝は私の仲裁によって最後にはそれを得られよう。何故なら汝はわが共同体の民である。ゆえに汝は、汝の預言者の名において接近を求めることにその身を捧げよ」

空を飛ぶには二つの翼が必要になる。一つだけでは前に進めない。自然科学と宗教は、いわば二つの翼なのだ。その後の私は、宗教を学ぶことに身を捧げようと決意した。全能の神が、私に成功を授けたまいますように。

これより前の一〇六一年ムハッラム月第四日（一六五一年一月七日）、水曜日前夜にも彼にまみえる栄誉を授かっているから、これは私の人生に二度も起きたということになる。神に称賛と感謝あれ。これで神の恩寵についての詳述を終える。以下、私からの推奨を述べる。

一、まずはじめに、人類のスルタン――神が彼を強めたまい、復活の日が訪れるまで彼の帝国を不朽《ふきゅう》としたまいますように――への推奨を述べる。科学と宗教の問題に関しては、彼は信仰の儀礼と義務を果たし、イスラームの教義を理解し、それから財務、軍務、諸問題について可能な限り把握せねばならず、何故ならそれらが彼の公的な教理となるからである。

強大なる彼の祖先のように歴史を学び、彼らの傑出した行動の物語から教訓を得ねばならない。人間の慣習を学び、崇高なる帝国の古き法を、時に応じて寛大にも冷酷にも実践せねばならない。

この点において王朝の全ての宰相と領内の傑士《けっし》たちは、あらゆる努力と善行をもって彼らの慈悲あふるる主人を助け、支えねばならない。ムスリムどうしの不一致に対しては、あたたかく見守っている場合ではない。彼らの間に起こる争いや戦いについては、思いやりと優しさをもってこれを取り除かねばならない。異教徒に対する聖戦を命じる際には、神の定めたもう諸法の実践を軽視しては絶対にならない。

二、学問ある伝道者への推奨。ここにわれわれは説教や説諭に関する若干の規則とその解説を含めておく。これにより会衆たちも礼節を感じ取り、説教に集中するようになるであろう。

規則その一　説教においては、市民の慣習や慣例に反する意見は述べないこと。それは軋轢《あつれき》や反乱の原因になる。

規則その二　ムスリムの間に意見の対立がある場合、優しさ、公正な言葉、それに愛嬌ある助言を用い、彼らの心をなだめ、敵意と悪意を取り除くための説教を用意すること。どちらか一方の肩を持ち、悪意を込めてもう一方を非難するような説教は絶対にしないこと。それは敵対を悪化させる。

規則その三　神の命じるところに従い、禁じられたものを避け、信仰の義務と法令を実践するよう一般大衆に対して訴える際には、賢明かつ温和であること。神の契約と脅威を持ち出して彼らを怯えさせる際も同様である。すっかり安心させるのも、絶望させてしまうのもよくない。どちらか極端に偏らないようにすること。畏れと期待の中間がよい。畏れが先行するようなら、そのままにしておくこと。

規則その四　説教はいつでも時勢に適したものとすること。どのような伝承や伝統であろうが、特定の日付や月に関する美徳なり、毎日、毎晩の日常の事柄なりと関連づけ、訳出し、解説することと。それが一般大衆を益することになる。教義的には正統とはされない、根拠の弱い伝承を語ることに害はない。伝統的な背景を持つ実践や、定められた以上の礼拝については奨励し、単なる習慣に過ぎない事柄については一切言及しないこと。本当に、たとえそれを説教で取り上げてほしいと正面きって頼まれようが、沈黙を守るに越したことはない。

規則その五　普通の人々の理解を超えた深遠な問いを発さないこと。「壮麗かつ神聖なる領域」などといった感銘深げなスーフィーの用語を使ったり、会衆の大部分を占める一般人には不適当な語彙を口にしないこと。むしろ明白で分かりやすい警告や寓話を語ること。イマーム・ラジーブ・イスファハーニーは著書『法の恩寵を受け取ることの意味』（*al-Dharīʿa ilā makārim al-sharīʿa*）や『二つの因の解明ならびに二つの至福の成就』（*Tafṣīl al-nashʾatayn wa-taḥṣīl al-saʿādatayn*）において、以下のように述べている。「説教は一般大衆のためのものであり、少数のためのものではない」。そういうわけで、受け継がれてきた伝統を守るには「彼らの理解に合わせて話せ」。聴衆のほとんどは理解力を持ち合わせていない。彼らの合理的精神は無知を知識に変えようという傾向も持たないので、むしろ嫌悪して背を向けるだろう。その嫌悪は、体内の血の気を内省に向かわせる原因となる。すると続いて眠気が起こる。説教やフトバの最中に、ほとんどの人が眠っている理由がこれである。フトバはアラビア語で行なわれるし、たとえ多少は理解できたとしても、その意味にまでは精通していないのである。

規則その六　説教の主題に関連して、場合によっては逸話や寓話、小咄、それに詩の一片などが挿入されることもあるだろう。だがそれはあくまでも食べ物に足す塩であって、食べ物ではない。

規則その七　より多くの聴衆を得て有名になりたいからという理由で、本書で扱ったような論争だの、それと類似する微妙な話題だのを語りたがるのはやめること。一般大衆に対しては、むしろすぐにも使えそうな、彼らのためになることを話すこと。たとえば合法と非合法、礼拝と断食、教義の概要、イスラームの信仰と実践についてなど。魅力的な口ぶりで快活に話す者の話であれば、大衆は耳を傾ける。説教師に学がないなら、せめて聴衆を苦しめることのないよう、良い説教の規則に従うこと。

三、これはごく普通のムスリムたちに対する推奨である。全能の神と本当の預言者が語ったのであるから、その言葉には従わねばならない。日々、定められた五回の礼拝を行ない、ラマダン月には断食をし、喜捨を与え、可能であれば巡礼に行き、そして嘘をつかないこと。誰の名誉も財産も傷つけてはいけない。取引は正直に行なうこと。それらとは別に自分自身の職業を、それが何であろうとまっとうすること。説教は週に一回、金曜に聴けばそれで十分である。理解力の及ぶ限り、内容のあるはなしをせよ。「今日は説教師の誰それが、しかじかの話をしていたよ。彼が言うにはこれこれの問題はあれがあでこうだから云々」というような言葉は、会話には不要である。学者どうしの論争に、無学の者は立ち入らないこと。(32)

四、これは特に慎ましき著者に学んだ生徒たち、またその他の学生一般に向けたものである。以下、カーディー・ミールに倣い、彼がその著『世界の魔法の鏡』(*Jām-i gītīnumā*)の結びで助言を与えているのと同様に、私も助言を与えることとする。

第一に、教わるに足る能力のある者が、知識の諸要素を学べ。イスラームの教義が何を主張しているか、要旨を身につけるのはその後である。それから、多様な知識の分野を学ぶことに専念せよ。秩序立てて、タウヒードに従いあらゆるものを多義的に取り入れ、ひとつの分野を完全に習得してから別の分野に手をつけること。何をもって生計を立ててゆくかを決めねばならず、またそれに関連する分野についての知識には、完全に熟達していなければならない。その上で、もしも時間が許せば更に別の分野を学ぶのもよい。学修が完成を見るまでは、学者階層の中に職の空きがないか探したり、推薦を求めたりするな。裁判官もムフティーも、説教師もイマームも、書記も官吏も、秩序ある職業の番人である。これらは職位の義務に没頭することが要求される。忖度《そんたく》から生じるその場限りの思いつきは抹消されねばならない。こうした問題に忙殺される立場というのは、特定の分野の知識を詳細に渡って網羅しているということであり、それも秩序的もしくは組織化されたあり方ではなく、誰であれ嘆願なり、主張なりを持ち込んでくる者たちの要求に沿ってのことである。

そういうわけでルームの傑出した学者、ブルサのホジャザーデ・エフェンディ(33)は前述の『アネモネ』のなかで、以下の記述を書き残している。「アル＝ジュルジャーニーこそ、間接的にはわが師である。私はすべてを彼の書に教わった。学ぼうという意図のもとに目を通した純粋理論科学に関連する書籍は、彼の著作とサアドッディーンのそれの他には皆無である。いくつかの障害の妨げがなければ、私もかのサイイド・シャリーフの学識に達することもできたかもしれない。第一に、彼は健康だった。ところが私ときたら病弱である。次に、彼は人生の最初から最後まで講述をしたため、秩序正しく働いた。ところが私の労働の時間は、本質的には無関係なところで発生する義務に浸食されている。すなわち裁判官やムフティーとしての義務に忙殺されて、本来の仕事にまったく手がつけられないのである」

さて、もしも誠実なる学徒がしっかりと地道に学問を身につけてゆきたいと心の底から望むなら、法廷職には関わらず、何か他の生計の道を探すべきである。スンナ派の教義を完全に習得した後は、啓典とスンナ、そして共同体の合意という名の砦に向かうべし。クルアーンと伝承、それに法学の熟達者と聖者の言葉を判断の基準とするようにせよ。その後で哲学者や思弁神学者の著作、それにスーフィーの言葉を学べ。それにより益を得、「明白なものを取り、疑わしきは避けよ」の原則に従い、それぞれの思想や論証から有益と思われるものを受け入れよ。それらのうちひとつたりとも否定したり、拒絶するなかれ。われわれがすでに警告した通り、偏狭さの落し穴を避けよ。

言うべきことは以上である。これにてわが小論を終える。真理と至高と全能の神が、われら全員に良き終末を授けたまいますように。そして主が、われらを理性の道から、主の慈悲ふかき御好意から、主の栄光と恩寵から逸《そ》らさせることがありませんように。アーミン。

注

（1）エルズルムの州知事、アバザ・パシャの反乱の鎮圧を目的とした一六二四年の戦役。アバザ・パシャは、特に一六二二年のオスマン二世暗殺の際にイェニチェリが加担したことをもって、彼らを帝国に対する横暴な危険分子とみなし、解体すべきと考えていた。戦役は決定的な結果をもたらすものではなかった。エルズルム城砦に二千名のイェニチェリを駐留させるという条件で、アバザ・パシャは州知事の地位を保証されることになった。

（2）一六二四年にペルシャ人に占拠されたバグダードの奪還作戦。一六二五―二六年に行なわれたが、不成功に終わった。

（3）簿記（Siyaqat）とは「財務暗号」である。オスマン帝国の財務用に特化された書体で、改ざんや外部への漏えいを防ぐため、故意に変形が加えてある。

（4）バグダード遠征の混乱は、アバザ・パシャには有利に働いた。彼を排除するよう命じられたイェニチェリをことごとく抹殺したのである。一六二七年九月十二日から十一月二十五日にかけてエルズルムは包囲されたが、しかし城砦は持ちこたえた。一六二八年九月、自分の支持者たちに危害を加えないという条件の許、彼は降伏した。協定は守られ、その後アバザは帝国に対して卓越した仕えぶりを発揮したが、一六三五年八月、スルタン・ムラト四世によって処刑された。彼に野心のあることを疑ったためと思われる。

（5）フスレヴ・パシャは一六二八―三一年に大宰相ならびに軍司令官を務めた人物。これ以外にも、やはり不首尾に終わった一六二九年六月―一六三〇年十一月のバグダード遠征を率いている。バグダードは一六三八年十二月まで奪還されることはなかった。

（6）トクゥル＝デデは出典不詳の聖者。その名はThekla（聖者）の転訛を、さらに崩し読みしたToqmaq（「木槌」）の意である。イスタンブル北部、金角湾のアイヴァンサライ近郊にある霊廟（türbe）が彼の墓所であると考えられていた。適齢期を迎えた少女たちは、備えつけの木槌を肩にのせて墓の周囲を三回まわり、「わが幸運、わが運命、どこにいようとも、わがもとへ来たれ」と唱える。それから、後ろを振り返らずに霊廟を立ち去る。同様の「お参り」をしにやって来た、道で最初に出会った男が、彼女たちの未来の夫となる（Mehmet Halit Bayri, *Istanbul Folkloru*, Istanbul, 1947, p. 154; Hasluck, *op. cit.*, p. 18）。ボクル＝デデも、おそらく前者と同じたぐいの、地域に固有の聖者である。カドゥザーデの冷笑が、聖者を讃えるお祭り騒ぎに向けられたものであることは間違いない。
(7) 一六三二年から一六三七年二月まで大宰相を務めたのはタバニヤスィ・メフメト・パシャ。軍勢は一〇四三年ジュマーダー月第二日／西暦一六三三年十二月にアレッポに到着。巡礼は一六三四年七月に行われた。
(8) エレバンは一五八三年にペルシャ人によって陥落していたが、一六〇四年に再び奪還されていた。ここで言及されている遠征では、当地の太守から持ちかけられた楽天的で遊興的な八日間の休戦協定を拒否したのち、ほんの一週間ほどで再征服に成功している。終わり頃になってペルシャ人の援軍が到着していなければ、彼らは降伏していただろう。
(9) 実際にはムラト四世は一六三八年（一〇四七年）五月にバグダードへと発った。
(10) 伝承に関する書籍二冊。アル＝ハーフィズ・シハーブッディーン・アフマド・イブン・アリー・アル＝アスカラーニー（八五二／一四四八―九没）著『精選』(*Nukhbat al-fikr fī mustalah ahl al-ithr*) ならびにアル・ハーフィズ・ザイヌルッディーン・アブドゥッラヒーム・イブン・アル＝フサイン・アル＝イラーキー（八〇六／一四〇三―四没）著『ハディース千行詩要約』(*Alfiyat al-'Irāqī fī Usūl al-hadīth*) を指す。
(11) イブラヒム・イブン・イブラヒム・アル＝ラカーニー（一六三一年没）は、カイロのアル＝アズハル・モスクで教鞭をとっていた人物。
(12) シェイフザーデ・ムヒーユッディーン・メフメト・エフェンディ（一五四四年没）。バイダーウィーの注釈に対する学術的な解説を著した。
(13) ヴェネツィアからのクレタ島奪取は一六四五年五月に開始され、八月末には征服が完了した。
(14) 『基礎の確立』(*Ashkal al-ta'sīs*) は、シャムスッディーン・ムハンマド・イブン・アシュラフ・アル＝サマルカンディー（一二〇三年没）による幾何学書。三十五のユークリッド命題が収録されている。フワーリズム出身の学者マフムード・イブン・ムハンマド・アル＝チャグミーニーは、八〇八年／一四〇五—六年に完成した天文学の書『概説』（*Mulakhkhas*）の著者。両書籍の注釈が、ムーサー・イブン・ムハンマド・カドゥザーデ（一四一三年以降没）によって著されている。

（15）アブー・ムハンマド・アブドゥッラー・イブン・ムハンマド・アル＝アンダルースィー、五四九年／一一五四—五年没。

（16）ウルグ・ベク（一四四九年没）はトランスオクサニアの統治者であり学者。ティムールの孫にあたる。天文表をまとめた彼の著作『暦』の、トーマス・ハイドによるラテン語翻訳が、ペルシャ語原典と共に一六六五年、オックスフォードにおいて発刊されている。

（17）フサイン・イブン・ムイーヌッディーン・アル＝マイバーディー・アル＝カーディー・ミール（九一〇年／一五〇四—五年没）はダッワーニーに師事し、アスィールッディーン・ムファッダル・イブン・ウマル・アル＝アブハーリー（六六三／一二六四—五年没？）著『英知の導き』（*Hidāyat al-Hikma*）の解説を執筆した。これは論理学、自然科学、神学に関する論考だった。カーディー・ミールの解説書は、二十世紀に至るまでトルコのメドレセで教科書として使用されていた。

（18）『討論の作法』（*Ādab al-bahth*）には同名の書がいくつか存在し、そこにはイージーによる一冊も含まれる。

（19）「モッラー・ファナーリー」、シャムスッディーン・ムハンマド・イブン・ハムザ（一三五一—一四三一）は多才な学者であり、その論理学の著書は今世紀にいたるまで使われ続けている。彼はその知的好奇心によってよく知られる人物である。

（20）『太陽』（*al-Shamsīya*）とは、ナジュムッディーン・ウマル・イブン・アリー・アル＝カズウィーニー（六九三／一二九三—四年没）による論理学入門書。

（21）ここでの「ジャーミー」（人名）は、学術指南書を指す一般的な名称である『集成』（*Jāmi*）のスペルミスであると思われる。

（22）この部分は明瞭ではない。「意図、目的」の意（*al-Maqāsid*）と呼ばれる書物は数多く、その中にはウルグ・ベクの『年鑑』（*Zīj*）解説の著者であるミーリム・チェレビー・マフムード・イブン・ムハンマド（一五二五年没）の書も含まれている。ここで言及されているのがこの書であるならば、「個人的な事柄」の反対としての「総合的な部分」という意味のはずである。キャーティプ・チェレビーの天文学観については序言を参照。

（23）アリー・クシュジュはウルグ・ベクの弟子・協力者の一人。ウルグ・ベク天文台の監督者を務めた、『年鑑』の共著者でもある。ウルグ・ベクの死後、アゼルバイジャンのカラ・コユンル（白羊朝）統治者ウズン・ハサン（在位一四六六―七八年）に伺候した。メフメト二世への使節としてイスタンブルに派遣され、その後イスタンブルで教師となる。一四七四年没。『ムハンマディーヤ』（*al-Risālat al-Muhammadīya*）は、彼がペルシャ語で執筆した数学の小論の、彼自身によるアラビア語訳。また『勝利』（*Fathīya*（後述））は、シンプルな天文学の入門書である。

（24）諸外国の科学（al-ʿulūm al-gharība）とは、宗教ならびに宗教を学ぶ補助的学問に含まれない、医学、地理学、幾何学などを指す。

（25）『三十の分類』（*Sī fasl*）および『二十の章』（*Bīst bāb*）はナースィルッディーン・トゥースィーの著書。

（26）ターは三十一あるオスマン文字のうち第四番目にあたる。類似するオスマン語書籍の中でも、この辞典をユニークなものとしているのは、ムスリムの学者だけではなく、ギリシャ人たちの伝記も含めてある点である。

（27）ゲラルドゥス・メルカトル『小地図帳』（*Atlas Minor Gerardi Mercatoris*, a J. Hondio plurimis aeneis tabulis auctus atque illustratus. Hondius (Judocus), Arnhemii, 1621.）。キャーティプ・チェレビーによる翻訳書の正式な題名は、その他多くのアラビア語書籍と同様に韻を踏んでいる。『小地図帳を照らす光のきらめき』

（*Lawāmi' al-nūr fī zulumāt Atlas Minūr*）。〔ルイスの英訳では該当箇所は *Atlas Minor*（『小地図帳』）とあるが、Büyüyen Ay Yayınları の校訂本に従い、『大地図帳』（*Atlas Maior*）との読みを採用した〕

（28）『フランクの歴史』は、フランクフルト出身のヨハン・カリオンによる *Chronicles* の訳書。一五三一年の初版以降、増補されていった。

（29）「呪われし者（シャイターン）の石打」といえば、それは巡礼中に行なわれる儀式のひとつの呼び名である。スィーンとジームの文字の数価はそれぞれ六十と三である。この書は失われているが、おそらく全六十三のファトワーを収録していたのだろう。

（30）アフマド・イブン・ムハンマド・ガッファーリーの *Nigāristān* は、ペルシャ語による歴史物語や逸話の集成。一五五二年に完成している。

（31）一六五六年六月二十六日、オスマン帝国艦隊はヴェネツィア艦隊との交戦のためダーダネルス海峡へ出航し、敗退した。敵軍はレムノス、テネドス、サモトラケといった諸島を占領して海上からイスタンブルを封鎖し、この状態は一六五七年八月まで続いた。これが著者にどのような天啓をもたらしたかについては、「吉報」以下の著述を参照。

（32）H・H・ロウリー牧師（マンチェスター大学ヘブライ語教授、名誉神学博士）の公開講演 The Dead Sea Scrolls and Christian Origins（*The Listener*, 1 November 1956）における結びの言葉と比較。「……真剣な学者であれば、（死海）文書と新約聖書との類似からも、あるいは相違からも目を背けはしないだろうし、またそれらのどちらをも恐れるべき理由はない。聖書の一般的な読者に関する限り、何があろうともそれが聖書の権威を損ねたり、あるいはキリスト教の教義に影響を及ぼしたりといったことは全くないものとして安心していい」

（33）ホジャザーデ・ムスリフッディーン・エフェンディは一四八八年に、ブルサでのムフティー職の任期中に亡くなった。

訳者あとがき

あとがきを書くよう仰せつかったものの、本書の理解のために必要不可欠なことはおそらくすべて山本直輝先生が解説で記しておられると思う。そこで私からは謝辞と、それから若干の覚え書きを記すにとどめたい。

七年ほど前にジェフリー・ルイス訳『真理の天秤』(*The Balance of Truth: translated from Mīzān al-haqq of Katib Chelebi with an introduction and notes*)を読んだ。とても面白かったので趣味の範囲で日本語化し、放置ぎみだった自前のウェブサイトにアップロードした。読書であれば人並みにしてきた。同時に自分が飽きっぽく怠惰《たいだ》なことも自覚している。その自分が中途で放り出すことなく最後まで読み終え、その上日本語にして誰かと共有したいとまで思ったのは、ひとえに本書が並々ならない面白さだったからだろう。二十世紀の終わりごろからだろうか、イスラームないしムスリムが絡む言論界隈において moderate〈穏健〉という語が時に称賛として、時に侮蔑《ぶべつ》として、あるいは radical〈根源的〉という語が原義を離れて論敵に対するいい加減なラベリングとして用いられるような、結果として多くの議論がしぶくてぬるいお茶のように感じられる中で、本書は本当に熱くて良い香りがした。

本書は主題ごとに章立てされた現代でいうところのエッセイないし随筆集である。舞台となっている十七世紀のイスタンブルは、オスマン帝国がその拡大を終え、むしろ衰退の兆《きざ》しが見える者には見え始めた頃合いだろう。キャーティプ・チェレビーはそうした時代の変化を冷静に理解しているようにも読める。同時に、彼はその変化に迎合することもなく、かといって伝統に固執することもない。極端な主張をするわけでなく、常に天秤の釣り合いのとれる結論を導き出し差し出してくる。同時にこれは群像劇のようでもある。足を悪くした元軍人、ムスリムを論破するつもりで乗り込んできたのにクルアーンに感動して改宗してしまった元宣教師、説教壇から会衆に檄を飛ばす説教師、薬物におぼれて道を踏み外した宗教指導者等々、登場するのはクセの強い人物ばかりで、中でもいちばんのくせものは著者である彼かもしれない。当時の帝国論壇を賑わせたのであろう議論に飛び込み、一見、対立する立場を持つ論客たち（と、その聴衆たち）を鮮やかな手技で描写しては、悪びれもなく自分が耕した田んぼに水を引いてくる。どのような仕掛けで浄水しているのか、彼の田んぼはとても綺麗だ。moderate-radicalについては愚痴めいたことをすでに述べたが、そうしたもやがすっきりと晴れるような、何ともいえない読後の高揚感のままに目を閉じるとそこにまっすぐな中庸《ちゅうよう》という一本道が通っている。どこまで続いているのかわからないその道に彼は立っている。太陽を背にしているから、彼の表情は逆光で見えない。それが夕陽であるのは、彼が帝国の斜陽を認識しているからか。

それから数年後、都内某所で山本先生とお目にかかる機会を得た。初対面のその場で「あれは書籍にしましょう」とおっしゃる。じゃあ山本先生に預けますよと託した。キャーティプ・チェレビーの時代から四世紀を経たイスタンブルに住み、ものを書いたり学生に教えたり、時には現地のメディアに和装で出演したり、イギリスにまで出かけていってお茶をたてたり、茶道具を作ったり、かと思えばアニメ風のキャラクター絵を描いたり掛軸様の書画を制作したりと、そんなクセの強い……もといおもしろい人が本書を預かってくれたことは（私自身も含め）読者にとっても、著者のキャーティプ・チェレビーにとっても大いに幸運なことであったと思う。個人のささやかな楽しみとして、読書の延長のような気持ちで始めたこの作品が、時間も空間も超えて多くの人の目にふれることで新たな価値が見出されることにひそかに期待しているし、あわよくばその恩恵にあずかりたい。過ちがあればその責任はすべて私にあり、益があればそれはすべて神と、この作品を手にした人自身からくるものである。末尾になりましたがこの場を借りて山本先生に、また本書に関わってくださったすべての皆様に深く感謝を申し上げます。

二〇二五年一月

西田今日子

訳者解説　知の至人としてのキャーティプ・チェレビー

山本直輝

イスラーム世界を代表する「イスラーム学者」と聞けば、ムスリム社会ではイスラーム学中興の祖ガザーリーや、『マスナヴィー』の著者であり白い衣を身にまとい円を描くように舞う修行で知られるメヴレヴィー教団の開祖ルーミー、あるいは現代イスラーム復古運動の精神的祖イブン・タイミーヤなど様々な名前が挙がるだろう。また「哲学者」といえば、当時ほぼ失われつつあったギリシアの知的伝統を再評価し、イスラム哲学やアラビア医学の礎《いしずえ》を築いたイブン・シーナー（アヴィセンナ）、「歴史家」といえば「アサビーヤ（連帯意識）」を軸に人間社会や王朝の勃興《ぼっこう》・弱体化のメカニズムを分析したイブン・ハルドゥーンが思い浮かぶかもしれない。では、イスラーム世界を代表する「知識人」はどうだろう？　二〇二三年にキャーティプ・チェレビーの著作（『世界の鏡』と『疑問の解消』）がユネスコの世界の記録に登録された。オスマン帝国書記官として働き、やがて帝国屈指の博学者（チェレビー）となった彼ほど「知識人」と呼ばれるにふさわしい人物はいないであろう。それは彼の飽くなき「知」への探究心と、様々な背景を持つ人間が唱える膨大な数の「正しさ」を巡る議論を、その是非を判断する前に一旦頭の中に蓄《たくわ》えられる、並外れた「記憶容量」の大きさによるものである。

本書『真理の天秤』は、十七世紀イスタンブルにおいて学者から一般民衆まで当時の科学や慣習、文化の「正しさ」を巡って争う様子を記録したものである。『真理の天秤』は当時のイスタンブルの文化を知るうえでも貴重な資料である。

本書でも言及されているように、イスタンブルでは特にスーフィー（イスラームの神秘修行者）の慣習を巡って当時熱狂的人気を誇った説教師カドゥザーデの支持者とスーフィー教団の間で激しい論争が繰り広げられ、時には暴力沙汰にまで発展するほどであった。一時期カドゥザーデにも師事していたキャーティプ・チェレビーであるが、『真理の天秤』での彼の態度は一貫して冷静である。

キャーティプ・チェレビーは本書で紹介されている様々な論題を巡って、明確な立場を表明するよりは、「人間社会には様々な異なった考え方があること」、「誰もが自分の考え方を正しいと思っていること」、「しかしだからといって他人に自分の考えを押し付けることはできないこと」を繰り返し強調している。

これは「意見の相違は知を基盤とする人間社会の一つの本質」であるというキャーティプ・チェレビーの理解に起因する。

アダムの時代以来、人類は分裂してきた、という点も認知されるべきである。あらゆる分派には彼らなりの信条と彼らなりの方法があり、他の分派からすればそれは敵対的に見えることもある。「すべての党派は自らをことほぐ（クルアーン二三章五三節）」と、全能の神が告げた通りである。誰もが自分のやり方を好《この》む。他のどれよりも、自分たちのやり方の方を好むのである。しかしそうは言っても、中には知的な者もいる。これらの相違の隠れた目的について彼らは沈思黙考し、やがてそこに多くの利点が潜んでいたことを見いだす。そうなれば彼らは、他の誰かの信条や方法に干渉したり、攻撃したりすることもなくなる。自分の宗教に照らして、それが間違っているように思えるなら、自分がそれに手を染めなければ良い。彼らは黙って心の中で否認し、それで満足するだろう。それ以外の人々は、たわ言をまき散らす馬鹿どもである。彼らは相違の隠れた目的を理解せず、すべての人間がひとつの信条と行動規範を共有するべきだという不合理な概念にしがみついている。宗教の問題についてのいわれなき論戦は禁じられているにも関わらず、干渉と攻撃の罠に落ちた者たちは、ものごとを荒立てずにはいられない。もちろん、何ごともなかったようにはならない。彼らは自分で自分の首を絞めているだけである。

（本書三三頁）

軽薄な「論破文化」が浸透しつつある現代日本社会にとっても、キャーティプ・チェレビーのこの言葉は決して無関係ではないであろう。己の信条や価値観に照らすと誤りや不合理に満ちているような他人の考え方にも正しさや合理性があるかもしれない。宗教的な「正しさ」においても個々の人間の知性の成熟度に応じて、その人が受け入れることのできる「真理」の深度やそれを得るための道筋は異なる。むしろ、「すべての人間がひとつの信条と行動規範を共有するべきだ」と他人に迫る態度こそが、「自分で自分の首を絞める」不合理なものに他ならないのである。つまり、「物事や他人をジャッジする存在」ではなく、「知識を求めて思考し続ける存在」であることにキャーティプ・チェレビーは人間の気高さを見出しているのである。

例えば、約一万五千冊の書籍と諸学問を分類・編纂した彼の書誌学の傑作『疑念の解消』ではキャーティプ・チェレビーは人間と知の関係から議論を始める。

第一の解説　知識が人間にとって本質的であり、人間がそれを必要とする理由について

すべての動物は、感覚、運動、食べ物、その他の基本的な必要性において人間と共通している。しかし、思考し、普遍的な知識を理解する能力を持つという点で人間は動物と区別される。

人間はこの能力を通じて生活の糧を得たり、仲間と協力したり、預言者たち（彼らに平安と祝福がありますように）が至高なるアッラーからもたらした教えを受け入れたり、努力を続けたり、他者の真実を検証する方法を見出すのだ。

人間は常に思考を続け、それに飽きることはない。学問や技術もまた、この飽くなき思考から生まれるものだ。したがって、人間は自然な本能として自らに欠けている理解を求め、それを得るために有益だと感じた知識や行動に頼る傾向がある。

この傾向は、人間が本質的に知識を取得し、それを活用する性質を持つことを示していよう。しかし、場合によってはこの傾向が助けにならないこともある。

逆に、このような「知る意欲」の欠如は、本質ではなく偶有的な状態として何らかの人格的異常と見なされ、そのような人間に頼ることはできぬ。

（キャーティプ・チェレビー『疑念の解消』）


この知識を得るという行為を通じて、人間は日常の糧《かて》を得る技術や職業を生み出したり、関心や志《こころざし》を共有する仲間を見つけ共同体を作り出したり、信仰を心に持ったり、他者の主張を検討するための議論や方法論を発展させてきた。しかし決して理想論者ではないキャーティプ・チェレビーは、この知識を得ようとする特性が必ずしも人間に益をもたらすわけではないことを指摘している。『真理の天秤』で紹介された様々な論争とそれがもたらす人間社会の分断がその良い例であろう。

またキャーティプ・チェレビーは続けて、学問と文明の発展についてこう述べている。

第二の解説　知識と文字を書くことが人間の文明化の要件であることについて

人間はその本質からして社会的存在であり、自分の心にあることを他者に伝え、他者の心にあることを理解する必要がある。この必要性が神聖な啓示によって、人間が声を使い、発声器官を用いて異なる音声を作り出すよう導いた。それによって、これらの音声を組み合わせることで、心の中にある意味を表す言葉が生まれた。この言葉によって、人々の間での意思疎通が可能になり、生活における必要な要求が満たされるようになった。

さらに、これらの音声をさまざまな方法で記録する手段が可能になると、人間は互いに異なる言語や話し方を生み出し、多くの知識が発展した。その後、共同体の中で努力を惜しまない人々が、単なる会話に頼らず、自らが得た知識を未来の世代や遠く離れた人々にも伝えるために多大な努力を払った。この知識を広めるため、人々は学び、記録する手段を確立し、思考の進化とともに学問が発展していくよう、時代ごとの様式に応じた書記のルールを作り上げた。読む人が文字や文章を通じて意味に到達できるよう、書字の動作やルール、点と線の結びつけ方、行の構成方法を研究した。このようにして、あらゆる学問と書記の技術が誕生したのだ。

（キャーティプ・チェレビー『疑念の解消』）

学問とそれを記録する手段は、他者——それは周囲の人間だけではなく、後世の人々や遠く離れた地域に暮らす人さえも含む——と心を通わせるために発展してきたものであるならば、自らの立場に執着する態度はキャーティプ・チェレビーによれば極めて「非人間的」なものであると言えよう。

イスラーム世界から遠く離れた地域に生きる人々の価値観、社会、文化さえも理解しようとする知的営為をキャーティプ・チェレビーはその身をもって体現している。

その最も顕著な例がオスマン帝国史上最大の世界地理書『世界の鏡』であろう。『世界の鏡』はおそらくイスラーム世界でもっとも有名な世界地誌であるが、完成を待たずしてキャーティプ・チェレビーが亡くなったため未完となっている。彼は第一部においては大陸や海など世界の大まかな地理を示し、そして第二部からは世界各地域の地誌を記述しようとした。当初はイスラーム世界のアラビア語資料を主な典拠としたため、西欧、バルカン、アナトリアなど西側世界の情報を上手く集めることができず一度作業が中断されている。しかしその後西洋諸語の地理文献を入手し、おそらくメルカトール・ホンディウスの『地図帳』などを参照することで、再び執筆作業を続けることができるようになった。この『世界の鏡』の特徴は、イスラーム世界、西洋世界の地理学や資料を駆使し世界各地の地誌を記述していることであるが、彼の視野が当時イスラーム・西洋世界双方でもあまり知られていなかったアメリカ大陸や東南アジア、さらには東アジアの果て日本にまで及んでいることである。

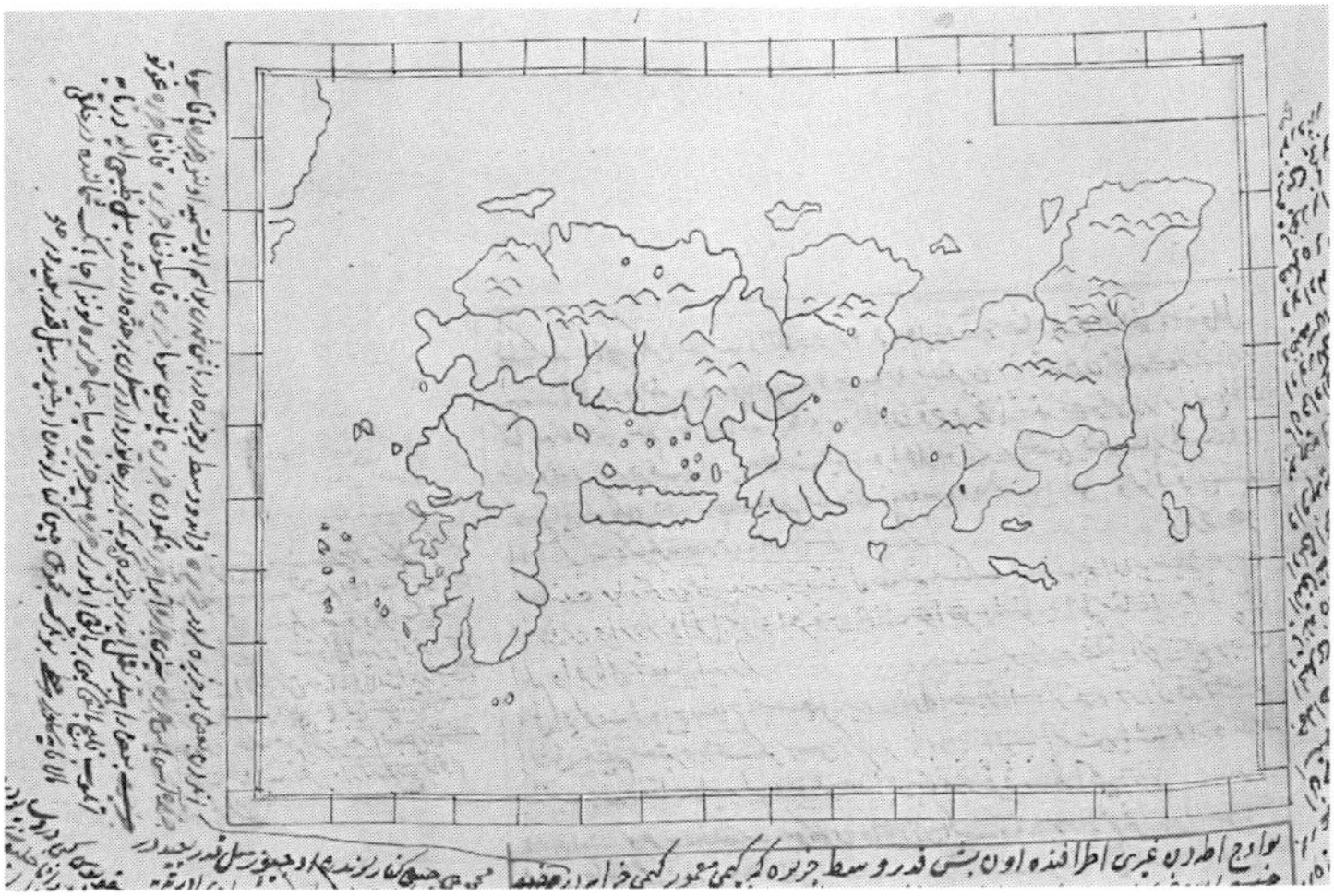

図１　『世界の鏡』から日本列島地図（*An Ottoman Cosmology: Translation of Cihannümâ* から引用）

こちらはトプカプ宮殿図書館に保存されている『世界の鏡』の写本の日本地図である（図1）。

緯度・経度について若干のズレがあるらしいが、本州・四国・九州の形がかなり正確に描写されていることがわかる。地理情報だけでなく、社会構造や文化についても詳細に記述されている。例えば、日本社会は五つの階級、すなわち貴族階級、宗教者、地方の名士、職人、農民で構成されており、農民階級の保持が非常に重要視されていること、日本人は工芸に優《すぐ》れ、工芸品や金、銀を求めてポルトガル人が貿易のために日本にやってきていること、日本では武芸に優れた者が多い等々。他にも「ターイーワー（Tāiqū, 太閤）と呼ばれる統治者」が、黄金と絹で飾られた豪華な宮殿を建設したことが書かれているが、これは豊臣秀吉の聚楽第《じゅらくだい》を指しているのだろう。

日本の宗教についての項目を見てみよう。

宗教

住民の多くは偶像崇拝者である。来世に関しては「フートゥーキー（Fūtūqī）：仏」と呼ばれる偶像を崇める。健康、子供、生活の糧を祈願する際には「カーミース（Qāmīs）：神」という小さな偶像に頼る。すべての偶像の中でも、二つの大きな偶像「アーミーダー（Āmīdā）：阿弥陀」と「ザーカー（Zāqā）：釈迦」が崇拝の中心である。

ボンズ（僧侶）たちは愚かな言い伝えとして、ザーカーはかつて人間であったと主張する。彼が生まれたとき、多くの蛇が空を飛び、彼の足元に集まり礼をしたという。そして彼が年を取ると、いくつかの戒律を記した書物を蛇たちに授けたとされる。また、アーミーダーについても啓示を受けた法を持つ存在であるとされている。人々はこれらの偶像を非常に信じ、これらのために命を捧げ、天国に行こうとする。海に飛び込んだり、崖から飛び降りたり、洞窟に入って餓死するまで出てこないこともある。

（キャーティプ・チェレビー『世界の鏡』ヤープーニア島）

神（カミ）や仏（ホトケ）、阿弥陀（アミダ）などの用語の転写についてもアラビア文字を使用しながら、比較的原語に近い発音が保持されている。他にもナラ（奈良）は巨大な仏像があり、鹿がたくさんいること、ヒエノヤマ（日枝山）は仏僧の修行の場として有名であることなど、地方都市の特徴についてもかなり詳細に把握している。少なくとも現代のようにリアルタイムで見られる映像資料など一切なく、生涯一度も日本を訪れたことがない状態でヨーロッパの二次資料を参照しているにも関わらず、キャーティプ・チェレビーのこの日本の理解度は驚異的である。これは彼の文献学者としての資料の選定能力の高さを示していると言えよう。

このように古今東西あらゆるものを知ろうとしたキャーティプ・チェレビーであるが、彼は決して象牙の塔の住人ではない。それを表《あらわ》しているのが彼の有名な政治改革書『国家の秩序を乱す問題を解決するための行動指針』であろう。本書は統治機構の腐敗と社会の停滞が見られ始めたオスマン帝国の政治改革のために何が必要であるかを国政会議に献上する形で書かれた意見書である。

キャーティプ・チェレビーは国家の発展を人間の成長になぞらえ①成長期、②停滞期、③老化期に分け、さらにギリシア・アラビア医学で用いられる四体液説を用いて社会の構成要因を学者、兵士、商人、そして一般民衆に分ける。そして四体液が人間個々人の資質や年齢によってその理想的なバランスが異なるように、国家もまた成長期、停滞期、老化期によってどの社会階級に国家の資源を配分するべきかが変わるという。そしてオスマン帝国はその成長期を過ぎたにも関わらず増え続ける軍事費とそれを支えるための民衆への増税や徴税人による中間搾取に抗議する形で発展したジェラーリーの反乱とその鎮圧による地方都市、特に農村の荒廃を、キャーティプ・チェレビーはオスマン帝国の衰退の原因だと断じた。『行動指針』はたんなる机上の空論ではなく、実際に軍の遠征に同行し、地方の都市や農村の現状を目撃してきた帝国書記官としてのキャーティプ・チェレビーの実体験に裏付けされている。そしてキャーティプ・チェレビーはその解決策として「有能な剣の持ち主」による強力な指導力のもとで、過剰な増税の撤廃と、有能な人物の長期雇用の実現を提案した。つまり、国家の奇跡のような「若返り」や、「不老不死」の実現を謳《うた》うような「奇術師」的な支配者ではなく、「老い」を迎え始めた大帝国の現実を受け止め、衰退という運命に直面しながらも、特定の階級を優遇するのではなく、国家全体をその「年齢」に見合った振る舞いに導く支配者を、キャーティプ・チェレビーは望んだのである。この点において、キャーティプ・チェレビーは非常に現実主義者であり、この現実を受け入れる人間的成熟を促すことこそ、彼が知の探求の過程で身につけた「知識人」としての生き方であろう。現実の重みをしっかりと受け止めながらも、よりよい人間社会を築くために思考し続けるキャーティプ・チェレビーの冷めた筆致の奥にゆらめく、炭火の如く穏やかながらも熱く燃え上がる知性を見逃してはならない。

そして晩年、キャーティプ・チェレビーは重い病に苦しんだが、それをきっかけに彼は医学の勉強を始めた。

それは死に至る病という困難さえも、新たな知識を求めるための恵み、自己刷新のための機会と見なす、知の道を極めた「知の至人」としてのキャーティプ・チェレビーの生き様を見事に表していると言えよう。今まで学んだことがなんの役にも立たない現実が目の前にある。まだまだ知らなければならない。無知・無学を自覚できることに勝る喜びなどこの世にはないのである。

本書の翻訳については、まず西田先生がジェフリー・ルイス（イギリスの著名なトルコ語学者）の英語訳を基に日本語に訳されたものを、私が近年トルコで出版された校訂本を参考に改めて見直した。

本書の出版に関わったすべての方々、特に西田先生と新泉社の伊藤様に改めて感謝を捧げたい。ありがとうございました。

著者略歴
キャーティプ・チェレビー（Kâtip Çelebi）
1609―1657 年。オスマン朝の文人。キャーティプ・チェレビーは職業に基づくあだ名で、本名はムスタファ・ブン・アブドゥッラー。西洋ではハッジ・ハリーファの名で知られる。イスタンブルの役人の家庭に生まれ、自身も役人として各地に赴任。イスラームと世俗学問について研究し、書誌学、歴史学、地理学などに重要な著作を残した。

訳者略歴
山本直輝（やまもと・なおき）
1989 年岡山県生まれ。専門はスーフィズム、トルコ地域研究。広島大学附属福山高等学校、同志社大学神学部卒業、京都大学大学院アジア・アフリカ地域研究研究科博士課程修了。博士（地域研究）。トルコのイブン・ハルドゥーン大学文明対話研究科助教を経て、国立マルマラ大学大学院トルコ学研究科アジア言語・文化専攻助教。著書に『スーフィズムとは何か――イスラーム神秘主義の修行道』（集英社新書、2023 年）。主な訳書に『フトゥーワ――イスラームの騎士道精神』（作品社、2017 年）、『ナーブルスィー神秘哲学集成』（作品社、2018 年）等、世阿弥『風姿花伝』トルコ語訳（Ithaki 出版、2023 年）等がある。

西田今日子（にしだ・きょうこ）
1971 年東京都生まれ。2001 年より当時の東京ジャーミイ代表であったジェミル・アヤズ氏に師事。2019 年より東京ジャーミイ職員。共著に『クルアーン日本語読解』（東京ジャーミイ出版会）、『だから知ってほしい「宗教 2 世」問題』（筑摩書房）。

真理《しんり》の天秤《てんびん》
——17世紀《せいき》イスタンブルのイスラーム論争《ろんそう》

2025年2月21日初版第1刷発行

著者　キャーティプ・チェレビー
訳者　山本直輝
　　　西田今日子

発行所　株式会社　新泉社
〒113-0034　東京都文京区湯島1-2-5　聖堂前ビル
TEL.03-5296-9620　FAX.03-5296-9621

装幀　山田英春
印刷・製本　萩原印刷株式会社

ISBN 978-4-7877-2419-9 C1014 Printed in Japan